Edmond Pionnier

Verdun

Promenade Historique & Pittoresque

Illustrations de Wlodimir Konarski

BAR-LE-DUC
Imprimerie Contant-Laguerre
—
1901

VERDUN

EDMOND PIONNIER

Professeur d'Histoire
AU COLLÈGE DE VERDUN

VERDUN

PROMENADE

HISTORIQUE ET PITTORESQUE

ILLUSTRATIONS
DE
WLODIMIR KONARSKI

Verdun

Promenade historique et pittoresque[1]

D'un repli du plateau de Langres descend un embryon de fleuve aux allures bien tranquilles, léger filet d'eau qui devient rapidement large et profond, et dont les flots verts vont se perdre dans les brumes de la mer du Nord. Sa vallée se déroule, étroite, tapissée de grasses prairies, où les villages se pressent nombreux et prospères, comme heureux de vivre, ignorant le malheur des temps où ce long couloir dans lequel ils se cachent servait de limite entre la Champagne et la Lorraine, entre les pays français et ceux dont la possession a été disputée par les voisins pendant tant de siècles. Pourtant, de-ci de-là, au sommet des hauteurs qui jalonnent les rives, quelque croupe dénudée et comme surélevée recouvre une forteresse, et l'on sent suspendue sur ce beau pays la menace angoissante d'une guerre possible avec son cortège de fléaux et de larmes.

Telle nous apparaît la Meuse.

En aval de Saint-Mihiel, les défenses se resserrent, les redoutes se multiplient. De tous côtés, l'horizon est borné par des meurtrières dont les embrasures se devinent tournées vers la Moselle. Au centre de ce mur d'airain, un promontoire se détache des collines de l'Ouest forçant la Meuse à décrire un long circuit. Sur cette boucle, que dominent au Nord et à l'Est des coteaux boisés ou couverts de vignes, s'étale,

---

(1) Nous avons simplement voulu dans cette introduction historique noter les renseignements qui nous ont paru mériter le plus d'attention, et que nous avons recueillis dans les ouvrages qui ont trait à l'histoire topographique de Verdun, en particulier dans les merveilleux travaux de M. l'abbé Clouët. Ce n'est donc pas une œuvre originale, c'est un simple résumé rendu plus attrayant par les dessins de M. Konarski ; nous tenons à lui exprimer ici, ainsi qu'à notre collègue et ami M. Fransquin, dont les clichés photographiques ont servi à exécuter un certain nombre de ces dessins, toute notre reconnaissance pour l'agrément qu'ils auront apporté à notre texte en nous prêtant leur obligeante collaboration. — E. P.

comme en un nid de verdure dont les bords se relèvent vers le Sud, la ville de Verdun, pelotonnée humblement autour d'un rocher presque inaccessible, sur lequel se détachent, altiers, l'évêché, la cathédrale, la citadelle.

Antique cité qui doit à son importance stratégique depuis longtemps reconnue, d'avoir été l'objet de toutes les convoitises et surtout le théâtre de toutes les calamités! Placée sur la grande voie romaine de Reims à Metz, carrefour des routes qui conduisent vers Bar-le-Duc, Montfaucon, Dun, Luxembourg et Trèves, Neufchâteau et Langres, elle est brûlée par Attila qui la laisse, dit le chroniqueur Laurent de Liège, dans l'état d'un champ retourné par un sanglier. Assiégée par Clovis, malmenée à l'époque des guerres entre Brunehaut et Frédégonde, les Ostrasiens et les Neustriens, elle voit son territoire dévasté jusqu'au règne de Charlemagne. Puis c'est l'époque de Charles le Chauve et de ses incursions, des exactions de Hugues, fils de Lothaire II, des audacieuses pointes des Normands, des chevauchées terribles des Hongrois qui, par quatre fois différentes, envahissent le pays et rasent les villages, des rivalités sanglantes entre la France et le Saint-Empire pour la possession de la Lorraine. Verdun est bloqué à trois reprises en 985 et la querelle des Investitures jette notre ville d'un parti dans l'autre, au grand dommage de ses habitants. Ce sont ensuite, sans compter les inondations et les incendies, les discordes civiles, luttes des bourgeois contre leur évêque, les révolutions intérieures, avec leur accompagnement funèbre de famines et de pestes. Pendant 67 ans, de 1579 à 1646, la peste s'abat quatorze fois sur Verdun et s'arrête vingt fois aux pieds de l'enceinte. En 1552, le roi de France Henri II occupe Verdun qui acquiert ainsi un protecteur puissant mais sévère. Enfin toutes les guerres qui ravagent, aux XVIIe et XVIIIe siècles, la frontière de l'Est, ont leur contre-coup jusque sur nos remparts.

Malgré la violence des tourmentes, un semblable passé n'a pu s'évanouir sans laisser de traces. A chaque pas dans nos rues, nous heurtons des souvenirs historiques qui se rattachent aux monuments restés debout ou évoquent ceux qui sont disparus. Ce sont ces souvenirs que nous allons transcrire ici, en parcourant successivement la ville haute et la ville basse qui s'étagent le long de la Meuse.

Porte Saint-Paul.

Saint-Paul. — Saint-Pierre
Saint-Maur. — La Belle-Vierge

L'avenue qui nous conduit de la gare par une sorte de chemin creux, à travers deux massifs d'arbres touffus, débouche, au delà du Pont-Levis, par la porte Saint-Paul sur la place du même nom. Autour de nous des bâtiments d'une époque différente, les uns nés d'hier, les autres dont l'origine remonte aux premiers siècles du moyen âge : les Casernes, la Sous-Préfecture et le Palais de justice, la Synagogue, le Collège.

La ville fut obligée de loger des militaires au lendemain de l'entrée dans Verdun des troupes du roi de France (1552) et les habitants tenus à la date de 1559, « de bâtir incontinent et dresser en leurs maisons chambres à cheminées, propres et commodes pour loger gens de guerre de la garnison. » Cette lourde charge fatiguait singulièrement les bourgeois qui en 1698 résolurent de s'adresser à la municipalité pour obtenir la construction de casernes aux frais de la cité. La municipalité fit d'abord la sourde oreille et n'obtempéra que lorsqu'elle y fut contrainte par la pression de l'opinion publique. En 1729, un arrêt du Conseil du roi autorisait l'entreprise, et le clergé, qui refusait de payer l'octroi destiné à couvrir la dépense, s'attira cette réponse des magistrats : « de la part de MM. a été dit que loin par MM. du clergé de désapprouver l'établissement des casernes, puisque cet établissement est avantageux au bien de l'État et au service et tourne au soulagement du peuple, ils devraient être les premiers à signaler leur zèle dans une occasion aussi intéressante et contribuer avec l'excédant de leurs grands revenus à soulager ce pauvre peuple. » Le 5 août 1729, le sieur Nicolas Henry était déclaré adjudicataire de la caserne Saint-Paul ainsi nommée parce qu'elle était construite au nord de l'abbaye de Saint-Paul dont la séparait une ruelle très étroite. Les bâtiments, contigus au rempart, s'achevèrent vers le milieu de l'année 1732, sur les plans conçus par M. de Rozières, ingénieur en chef des Trois-Évêchés. Le prix en fut de 176.068 livres 15 sous, à laquelle somme il convient d'ajouter l'achat de 475 lits pour 29.838 livres, ce qui porta le chiffre de l'installation à 205.906 livres 15 sous, près de 600.000 francs d'aujourd'hui. Cette solide construction, totalement dépourvue de tout cachet artistique, est placée sous l'invocation de la Vierge de Domremy, et s'appelle la caserne Jeanne d'Arc.

Le Palais de justice et la Sous-Préfecture, l'hôtel de la Cloche d'or, la place Saint-Paul dont une partie vague sert d'ordinaire de terrain d'exercices aux recrues casernées à Jeanne d'Arc, et dont l'autre forme un semblant de square, planté de magnifiques tilleuls, composaient à la fin du xviiie siècle un domaine respectable, propriété de l'abbaye de Saint-Paul. L'abbaye de Saint-Paul, l'une des institutions les plus anciennes de la cité, avait été établie en dehors de l'enceinte par Wicfrid, évêque de Verdun. Jusqu'en 1790, elle subit bien des vicissitudes. Le nombre des religieux, de 10 qu'il était en 1702, atteignit 32 en 1775, pour retomber à 16 en 1790. A cette date, lors de la suppression du monastère, le relevé officiel des commissaires mentionne 13 pères, un vicaire et deux frères convers. L'église, fondée vers 973, fut complètement ruinée avec le monastère en 1246, lorsque les Verdunois, alors peu maniables, se soulevant contre leur évêque Gui de Melle, détruisirent Saint-Paul. Une nouvelle église, magnifique construction ogivale, si l'on en croit les chroniqueurs, fut entreprise en 1249 et terminée vers 1312. Avec ses trois nefs élancées, ses vingt-neuf chapelles, ses légères fenêtres, aussi nombreuses que les jours de l'année, ses six portes monumentales, ses deux tours couronnées de flèches et de clochetons qui pointaient vers le ciel, l'église Saint-Paul faisait l'admiration de tous. Mais on avait compté sans les exigences de la guerre; quand Charles-Quint assiégea Metz en 1552, on dut mettre Verdun en état de défense, et l'ordre fut donné de supprimer Saint-Paul qui s'étendait hors des murs et pouvait servir de refuge aux assiégeants. On eut beau prier, il fallut s'exécuter, et au bout de six jours il ne resta plus de Saint-Paul que le souvenir (sept. 1552). A la fin du xvie siècle, le monastère fut reporté à l'intérieur des remparts. Les dépendances étaient fort considérables et presque complètement enfermées dans une cour qui donnait à l'Est sur la rue Saint-Paul actuelle. L'église, édifiée entre 1556 et 1574, occupait l'angle sud de la cour de la Sous-Préfecture; les religieux la trouvaient sans doute insuffisante puisqu'ils la reconstruisaient au moment du séquestre de l'abbaye sur un plan beaucoup plus vaste, et sur le modèle, mais en moindre proportion, de la basilique Saint-Paul de Londres. Elle fut immédiatement démolie, de même que le logement de l'abbé qui s'élevait sur la place. On ne conserva que la procure, aujourd'hui hôtel de la Cloche d'or, et les habitations des religieux, aujourd'hui Sous-Préfecture et Palais de justice. La Sous-Préfecture a conservé quelques vestiges intéressants de son antique destination : dans la loge du concierge, une cheminée fort originale dont les sculptures représentent le sacrifice d'Abraham; le cabinet du Sous-Préfet, d'aspect archaïque avec ses voûtes austères, la salle des archives, réfectoire des moines, de style renaissance avec ses colonnes légères et ses grandes baies qui s'ouvrent sur le jardin. Le Palais de justice continue et complète la Sous-Préfecture. C'est une bâtisse régulière et simple, en pierres et en briques; les cellules ont été transformées; l'aménagement intérieur modifié, et il ne reste guère de l'ancien couvent que la salle des pas-perdus, autrefois cloître. La façade porte un fronton demi-circulaire, habilement fouillé, avec une inscription latine évocatrice

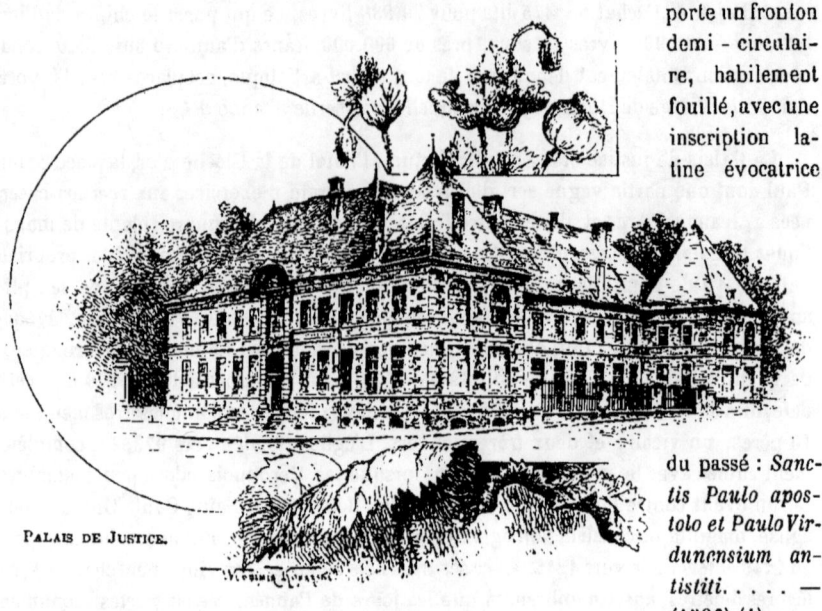

PALAIS DE JUSTICE.

du passé : *Sanctis Paulo apostolo et Paulo Virdunensium antistiti*..... — (1596) (1).

Sur la rue Basse-Saint-Paul, la seule qui desservît ce quartier il y a cent cinquante ans, s'élevait autrefois le couvent des frères prêcheurs ou Dominicains. Les frères prêcheurs ou Dominicains, appelés aussi Jacobins, parce que leur maison principale était située à Paris dans la rue Saint-Jacques, avaient été attirés en 1222 à Verdun par l'évêque Jean d'Apremont. L'argent que leur fournirent la famille d'Apremont et les nobles du lignage d'Azannes leur permit de s'organiser princièrement et de « travailler à la sanctification des âmes ». Ils étaient 10 en 1618, 8 en 1775 et 4 seulement en 1790. Leur petit nombre ne les empêchait pas de se montrer très remuants. Ardents jansénistes au xviii° siècle, ils scandalisaient le voisinage, et l'un d'eux, le P. Robinet, prononça en 1727 un sermon si hardi que les familles bien pensantes où il fréquentait d'ordinaire, refusèrent de lui rouvrir leurs portes. L'église se dressait à l'endroit où nous voyons la Synagogue, le portail tourné vers l'Ouest, le chœur vers l'Est. Les bâtiments du couvent touchaient au Collège.

Le Collège lui aussi, doit son origine à une fondation pieuse. Au moyen âge, chaque abbaye avait son aumônerie, et l'aumônerie Saint-Paul, dont les moines s'étaient endettés au point d'en engager les biens, occupait l'emplacement du Collège. Un riche bourgeois de Verdun, Constantius, acheta vers 1160 de ses deniers l'hospitalité Saint-Paul, où il fonda un Hôtel-Dieu, une Maison-Dieu comme on disait

---

(1) Dédié à l'apôtre saint Paul et à saint Paul, évêque de Verdun.

alors, la Maison-Dieu de Saint-Nicolas de Gravière. En 1570 le grand évêque Nicolas Psaume, dont le nom est attaché à tant de réformes, octroyait, par lettres patentes du 23 septembre, tous les biens de Saint-Nicolas de Gravière aux jésuites qui devaient enseigner gratuitement les langues anciennes, les sciences et les belles-lettres. Les jésuites n'étaient sans doute pas en odeur de sainteté auprès des Verdunois, car, s'il faut en croire une vieille tradition locale, il y eut une imposante levée de boucliers, et la population frondeuse parcourut les rues en chantant :

> Les jésuites n'auront pas
> l'église de Saint-Nique, nique
> Les jésuites n'auront pas
> l'église de Saint-Nicolas.

On se soucia fort peu des clameurs de la foule et les jésuites purent jouir paisiblement du domaine qui leur avait été généreusement concédé. Ils instruisirent la jeunesse sans grand incident jusqu'au jour où le Parlement de Metz supprima l'ordre dans l'étendue de son ressort (6 août 1762). On leur substitua des prêtres séculiers, et le Collège dirigé par un bureau d'administration fut rattaché en 1766 à l'Université de Paris. Ses revenus étaient considérables et se montaient à 16.436 l. 10 sous 9 den., plus de 40.000 francs. La maison avait ses armoiries, et son blason portait d'azur à fleur de lys d'or, accostée à senestre d'une branche de laurier, à dextre d'une palme surmontée d'une couronne royale. Pendant la Révolution, le Collège ne fut fermé qu'en partie, et la ville y conserva quatre classes pour les sciences et les humanités. Lorsqu'en 1795 le gouvernement créa une école centrale par département, à Verdun échut celle de la Meuse qui devint en 1804 école secondaire pour s'intituler en vertu d'une ordonnance royale du 17 février 1815 collège communal. L'ancien bâtiment plusieurs fois réparé et dont la ruine déjà dénoncée au xviiie siècle s'accentuait visiblement, a été culbuté. Les travaux commencés en janvier 1888, poussés très rapidement par M. Chenevier, architecte, sous la haute direction d'une municipalité prévoyante, ont été achevés pour la rentrée d'octobre 1890. D'aspect élégant et gai, le Collège, dont les proportions lui permettent de recevoir 130 internes, 50 demi-pensionnaires et 200 externes, répond à toutes les exigences d'une éducation sagement entendue. Rien n'a été négligé pour assurer aux élèves toutes les commodités et le bien-être désirables : grandes cours plantées d'arbres, réfectoires sainement compris, dortoirs vastes et bien aérés, études et classes luxueusement installées. Ce bel établissement, qui a bénéficié de tous les progrès récents, est certainement le plus confortable parmi les maisons similaires de la région, ceci soit dit sans aucune arrière-pensée de réclame. Jusqu'en 1706 les élèves assistèrent aux offices dans l'église Saint-Nicolas de Gravière dont le portail méridional voisin de la tour Chaussée et la nef parallèle au rempart appartenaient au style ogival du xiiie siècle ; mais son délabrement était devenu tel qu'on fut obligé de la détruire et de la remplacer par notre chapelle qui date de 1731. Elle est formée d'une nef et de deux collatéraux dont les voûtes retombent sur des colonnes d'ordre ionique. De hautes fenêtres laissent pénétrer une lumière qu'on désirerait moins vive et moins crue. A signaler l'inscription gravée devant le grand autel à l'endroit où le cœur de Nicolas Psaume avait été déposé : *Nicolaus Episcopus amicus vester dormit : orate pro eo : obiit 10 aug. anni 1575, aetatis suae anno 57* (1).

Tout auprès du Collège, à l'extrémité de l'impasse des Jacobins, s'élève la Synagogue, de style byzantin, construite aux frais de la communauté israélite de Verdun par M. Mazilier, architecte, sur l'emplacement de la synagogue primitive aménagée en 1805 dans les restes de l'ancien couvent des Jacobins. A l'intérieur, un rez-de-chaussée spécialement réservé aux hommes et des galeries hautes pour les dames. La décoration est extrêmement sobre, mais cette sobriété ne nuit nullement à la beauté de ce monument de tous points remarquable, et parfaitement approprié aux besoins du culte.

SYNAGOGUE.

La rue Saint-Paul aboutit sur l'ancien Tournant-Saint-Pierre d'où partait, pour gravir la côte, une grande et belle voie qui depuis le XVIIe siècle a bien peu varié, la rue Saint-Pierre. A droite, vers le milieu de la montée, l'église Saint-Pierre l'Angelé ou l'engeôlé (saint Pierre en geôle, saint Pierre prisonnier ou saint Pierre ès-liens dont la fête se célèbre le 1er août). Couronnant un haut tertre, le chœur vers l'Est, entourée d'un cimetière séparé de la rue par un mur de terrasse orné d'un crucifix sculpté, c'était, il y a cent ans environ, une église laide, vieille et branlante au point qu'on fut obligé de l'abandonner en 1780 par crainte d'une catastrophe ; le service paroissial se fit alors au Collège. Elle fut démolie en 1793, et la ville s'étant vu refuser l'autorisation de creuser au travers du cimetière un chemin vers les casernes, on y éleva les immeubles qui portent les numéros 18 à 28. Au sommet de la rampe, au coin de la rue des Capucins, l'ancien couvent des Carmélites occupé le 18 juin 1634, dont les cellules, le cloître et quelques autres pièces sont compris dans des maisons particulières. Ce couvent, habité par 7 religieuses en 1634, par 19 dames et 4 sœurs en 1775 et par 16 sœurs et 4 converses le 14 mai 1790, le jour où les représentants du gouvernement s'y présentèrent, avait à l'Ouest une église plafonnée, sans voûte, et ornée de peintures sans valeur.

(1) Ici repose l'évêque Nicolas Psaume, votre ami ; priez pour lui ; il est mort le 10 août 1575, à l'âge de 57 ans.

La rue des Capucins tombe perpendiculairement sur la rue Derrière-Saint-Paul. Au débouché de cette rue, face au Sud, le couvent des Capucins. Les Capucins venus à Verdun en 1585 sur les instances de l'évêque cardinal de Vaudémont, s'étaient primitivement retirés dans un faubourg que nous visiterons amplement, le faubourg Saint-Vannes. Lors de l'exécution des travaux que Marillac ordonna pour la réfection de la citadelle, force leur fut de s'expatrier. Le jour de la Toussaint de l'an 1629, les Capucins allèrent en grande pompe prendre possession de l'édifice que le roi Louis XIII leur avait cédé et qu'ils occupèrent jusqu'au 26 mai 1790. L'église, dans le goût de la Renaissance et placée sous l'invocation de saint Louis, bordait à l'Ouest le cloître; elle fut fermée le 12 avril 1791. Au delà, dans le terrain dont une portion seulement est utilisée par le gymnase militaire, une ancienne carrière, appelée jusqu'au xviie siècle, la Carrière, limitée au Sud et au Sud-Ouest par Saint-Maur et par le cimetière de l'église paroissiale de Saint-Médard. Que de fois les paroissiens dont le sanctuaire était enfermé dans la clôture de Saint-Maur se plaignirent, et non sans motif, d'être distraits dans leurs dévotions par le bruit des jeux dont la Carrière retentissait trop souvent!

L'église Saint-Médard consacrée en 1721, sur l'emplacement d'une sorte de chapelle basse, étroite, peu éclairée, fut fermée le 27 mars 1791, mise en vente le 27 février 1792 et adjugée sur la modique mise à prix de 3.025 l. avec cette clause expresse que les acquéreurs la détruiraient à leurs frais.

Toute la région qui s'étend entre les rues Porte-de-France et Saint-Maur était couverte au xviiie siècle par les dépendances de Saint-Maur et par le Logis du roi.

L'origine de Saint-Maur remonte très haut. C'était au début de notre histoire un oratoire dédié à saint Jean-Baptiste et à saint Jean l'Évangéliste. Saccagé lors de l'invasion des Huns d'Attila en 451, il fut relevé par saint Airy sous le vocable de Saint-Médard; réparé de nouveau par l'évêque Heimon, il prit le nom de Saint-Maur pendant qu'on réservait celui de Saint-Médard à l'église indiquée plus haut. Heimon y fonda un monastère de religieuses de l'ordre de saint Benoît, proche du ruisseau de la Scance, car, pour obéir à la règle, les religieuses devaient trouver dans leur enclos tout ce qui leur était nécessaire. Abattu comme Saint-Paul pour cause de sécurité publique en 1552, le couvent fut réédifié plus avant dans la ville, tandis que l'ancienne église seule restait debout enclavée dans les fortifications, et séparée des nouveaux locaux par le cimetière de Saint-Médard. Aussi les dames de Saint-Maur furent-elles obligées, pour se rendre dans leur église sans s'exposer aux regards de la foule, de jeter par-dessus la rue et le cimetière une galerie fermée. Le 12 mai 1790, les officiers municipaux de Verdun se présentèrent à Saint-Maur pour procéder à l'inventaire des biens meubles et immeubles et notifier aux intéressées l'arrêté de suppression. Les religieuses qui, malgré l'arrêté, avaient été autorisées, par faveur spéciale, à continuer leur vie commune, durent se séparer en octobre 1792. Si l'église a disparu et s'il n'est resté, dit-on, de ses annexes, que le vieux puits de la porte de France, le couvent est demeuré avec sa façade restaurée en 1865. Le bureau de bienfaisance, créé après 1796, y fut établi en 1808 avec, à sa tête, des administrateurs que secondèrent dans leur tâche trois sœurs autrefois attachées à une institution de prévoyance nommée la Charité; ces sœurs, dites de Saint-Vincent de Paul, l'occupent encore aujourd'hui.

Le Logis du roi, devenu gendarmerie nationale, était destiné au gouverneur royal que la cité devait héberger. Tavannes qui le premier représenta le roi de France habita l'évêché; ses successeurs se cantonnèrent dans le cloître du chapitre de la Madeleine où l'on fut obligé de leur fournir six maisons; de là des résistances, des débats qui se terminèrent d'ailleurs par une équitable décision : chacun des trois corps, évêché, clergé, administration municipale concourraient à la dépense. Messieurs les gens du roi firent alors construire l'hôtel que la ville paya le 27 juin 1597. On y vit passer des noms illustres : les d'Haussonville, les Marillac, les Nettancourt-Vaubecourt, les Feuquières. Louvois y séjourna deux fois. Mais au xviii° siècle, les gouverneurs ne résidaient plus à Verdun et l'hôtel fut confié aux bons soins d'un concierge qui en tira le parti qu'il put pour le compte du maître. Le marquis de Chazeron, l'un des non-résidents, l'offrit à la ville moyennant une rente annuelle de 600 l. La ville accepta, y fit pour 20.000 l. de réparations, et y aménagea huit appartements, une écurie pour 60 à 80 chevaux, une remise pour six voitures. Là s'installèrent les officiers supérieurs des régiments en garnison à Verdun et dont la municipalité devait pourvoir au gîte, à moins que ces Messieurs ne fussent de très haut rang et obligés, de par leur fortune et leur qualité, de tenir un grand train de maison, auquel cas les magistrats poussaient la bonté d'âme jusqu'à meubler à force de frais des demeures particulières. Enfin, l'an 1802, le Logis du roi fut transformé en caserne, et affecté au corps de la gendarmerie créé en 1790 pour remplacer la maréchaussée.

La rue Chevert, anciennement Saint-Maur-rue, avec l'hôtel du gouvernement, acheté en 1860 par la ville, et dont le premier propriétaire, il y a cent ans environ, fut J.-B. Georgia, lieutenant général et civil au bailliage et siège présidial de Verdun, aboutit à la place d'Armes.

La place d'Armes n'eut pas toujours le même aspect. Jusqu'à la fin du xvi° siècle, ce fut une lande pierreuse, irrégulière, avec quelques granges ou écuries surveillées du côté de la cathédrale par la Tour-le-Princier qui lui donnait son nom et qui commandait l'entrée de la rue de la Belle-Vierge. En 1574, la ville accorde l'autorisation de bâtir des maisons d'habitation seulement, « avec chambres ou bouticles, » avec interdiction « de loger bestes sur les dits devants. » Sur la fin du siècle on démolit la Tour-le-Princier, mais en revanche l'administration militaire sollicite le droit d'y élever, sans doute pour l'embellir, une estrapade. — L'estrapade consistait principalement en une potence de plusieurs mètres de haut, munie d'une forte corde. Au bout de cette corde, les mains et les pieds liés derrière le dos, un condamné que l'on précipitait plusieurs fois de suite du haut de la potence jusqu'à un mètre du sol, spectacle particulièrement doux pour le patient et récréatif pour les voisins. — Les avis étaient partagés : les uns préféraient la place Mazel, les autres la place de la Tour-le-Princier; ceux-ci l'emportèrent et les bourgeois virent bientôt surgir d'une enceinte maçonnée à hauteur d'appui, dite Orbetour, l'horrible machine. L'estrapade abolie sous Louis XIII avait disparu depuis longtemps, lorsqu'en 1682, MM. du Bailliage firent aménager à l'angle Nord-Ouest un nouveau Palais de justice et la place de l'Estrapade se nomma place du Palais. L'entrée du Palais qui portait cette inscription :

> *Haec domus amat, punit, conservat, honorat*
> *nequitiam, pacem, crimina, jura, probos* (1).

fut obstruée, à partir de 1728, grâce à M. le comte de Belle-Isle, gouverneur de la province, par un corps de garde, d'où l'appellation, qui n'est peut-être pas définitive, de place d'Armes. A cette date, la place d'Armes était à peu près ce qu'elle est maintenant, puisque le front Nord avait été complété au début du xviie siècle par le couvent des Carmélites.

La rue de la Belle-Vierge allait de la place d'Armes à la rue de la Madeleine et tirait son nom d'une statue de la Vierge qui décorait la porte d'entrée de la demeure du Princier, glorieux échantillon de l'architecture du xvie siècle. Le Princier, ou plus exactement le Primicier, premier archidiacre de la cathédrale, était le personnage le plus considérable après l'évêque; son pouvoir prenait des proportions si redoutables qu'en 1385, à la mort du titulaire, l'évêque et le Chapitre, qui n'aimaient pas les gêneurs, demandèrent au pape Clément VII la suppression de sa charge; ils furent exaucés, mais l'habitation du Princier, propriété du Chapitre, continua de s'appeler la Princerie. Les deux frères Jacques et François de Musson, riches chanoines de la cathédrale qui la détenaient au commencement du xvie siècle, la démolirent et la réédifièrent en 1525. Aujourd'hui la Princerie porte les numéros 16 et 18. Le numéro 18 dont l'extérieur est récent, a conservé à l'intérieur sa belle colonnade renaissance. Le numéro 16 est resté extérieurement en partie de l'époque, avec sa remarquable entrée, sa sombre façade, ses fenêtres grillagées de fer croisillonné. Le fronton est surmonté d'une statue de la Belle-Vierge dont le qualificatif, en toute conscience, paraît peu mérité. A l'intérieur, un porche monumental à colonnes massives, une petite chapelle à fenêtre ogivale avec voûte dont les clefs portent les armes de la famille de Musson.

La rue des Trois-Rois réunissait la rue Saint-Laurent et la rue de la Belle-Vierge. La rue des Trois-Rois se terminait à la rue Châtel, et la rue Saint-Laurent sur la place de la cathédrale; à l'angle formé par les rues Saint-Laurent et des Prêtres, au xviie siècle, la chapelle Saint-Laurent. En juillet 1793, le conseil de la commune décréta que ces trois rues n'en formeraient plus qu'une, qui prendrait le nom de rue de la Montagne. Mais le peuple, par une allusion facile à comprendre, la débaptisa pour en faire la rue Montorgueil, et, le 12 mai 1807, la municipalité donnait aux trois tronçons la dénomination générale de rue de la Belle-Vierge.

La rue de la Madeleine nous conduit sur la place où l'on pouvait admirer encore à la fin du xviiie siècle la collégiale de la Madeleine. C'était un des édifices les plus antiques de la ville. Déjà restauré au milieu du viiie siècle, il devint le centre d'une communauté de filles qui ne surent pas maintenir, dans sa pureté originelle, la règle de leur cloître. Au commencement du xie siècle, un riche clerc, l'archidiacre de la Woëvre, Ermenfroid, y établit un collège de chanoines. Aidé par l'évêque Heimon qui lui transmit le sanctuaire et le couvent, il jeta dès 1018 le fondement de cette

---

(1) Ici l'on révère la paix, on punit le crime et la méchanceté, on sauvegarde le droit, on rend hommage à l'honnêteté.

église qui dura huit cents ans. C'était un magnifique bâtiment de style roman, au portail occidental flanqué de deux tours carrées, sans flèche; le chœur aux fenêtres longues, étroites, terminées par un plein cintre, dominait la rue Mazel. Le chevet couvrait de vastes cryptes. Les nefs reconstruites au xive siècle étaient éclairées par des fenê-

La Princerie.

tres ogivales. Sur le tout une jolie balustrade à trèfles gothiques supportés par des contreforts savamment fouillés. Le cloître, à quatre côtés, et ses dépendances s'avançaient jusqu'au Tournant-Saint-Pierre. Avant 1556, au Sud de la place, s'abritait à l'ombre de la Madeleine une modeste église paroissiale, celle de Saint-Oury : elle fut supprimée en 1556, et les paroissiens de Saint-Oury assistèrent aux offices dans la crypte de la collégiale.

Un regard en passant à l'entrée de la maison dite du pape Jules II, et que le pape Jules II n'habita jamais, mais qui s'élève peut-être sur l'emplacement de celle qui eut l'honneur de sa visite.

Mentionnons le couvent des sœurs de la Doctrine Chrétienne fixées d'abord rue Dame-Zabée (Dame Isabelle) en 1826, puis rue de l'Hôtel-de-Ville, enfin rue Mautroté en 1840. A l'angle sud-ouest de cette rue, l'établissement des sœurs de Saint-Joseph dont l'église est due aux plans de M. Chenevier, architecte, qui en dirigea les travaux en 1888. De style roman, elle est assez curieuse avec ses tourelles et son abside circulaire fermée par une demi-coupole ; l'intérieur est divisé en rez-de-chaussée et en galerie que surplombe une voûte dont les arcatures en fer ouvragé sont supportées par de hautes colonnes de fonte richement décorée.

La rue de la Belle-Vierge, qui donne accès à la place de la cathédrale, communique avec les quartiers bas par la rue Châtel que prolonge la rue de la Vieille-Prison, les Petits-Degrés, les Gros-Degrés, la rue des Gros-Degrés et la rue de la Grange.

La rue des Petits-Degrés est la partie supérieure de l'ancienne rue Brodier qui reliait jusqu'au XVIIe siècle la Meuse et la rue Châtel. Issue du Cognet de Faulcitey (en dehors de la Cité), recoin visible encore aujourd'hui, elle prenait aux pieds des limites probables de l'ancienne citadelle, ou, comme on disait au moyen-âge, de l'ancienne Fermeté. C'est par la rue Brodier, que l'évêque, lors de son entrée solennelle, se rendait à cheval, revêtu des insignes de Comte du Saint-Empire à la chapelle Saint-Laurent, où l'attendait le chapitre des chanoines. Autrefois très fréquentée, elle a conservé, solidement planté à moins de deux mètres du sol, dans le mur qui se dresse à gauche des gradins inférieurs, un énorme crampon où l'on accrochait des chaînes de fer pour entraver la circulation les jours de troubles.

Appuyés aux terrasses de la ville haute, deux édifices d'importance inégale bordaient la rue de la Vieille-Prison, l'un presque perpendiculaire à la rue de la Grange, la Grange ou Halle aux blés, massive et noire bâtisse, dont il est parlé déjà au XIe siècle, vendue et démolie en 1835, l'autre plus intéressant, vers le milieu de la montée où se voient les immeubles qui portent les numéros 5, 7 et 9 : c'est Montaubain, l'ancien Hôtel-de-Ville. Acheté en 1338 à Simon la Porte, jadis échevin du Palais qui l'avait construit dans les premières années du siècle, Montaubain, avec sa banale façade supportée par des piliers, était placé sous la garde d'un portier qui prenait soin du mobilier, fournissait l'éclairage et le chauffage à la chambre du conseil et joignait à ses importantes fonctions celle de geôlier des prisons creusées dans les sous-sols. On remarquait à Montaubain la salle du conseil dorée et la tour du beffroi, très haute, couronnée par un élégant campanile à jour décoré de clochetons, et où tintait les jours d'émeute, le bourdon populaire, la Mute ; une horloge indiquait l'heure sur un cadran de plomb doré. Ce logis poussiéreux, décrépi, était indigne de la cité qui, le 6 février 1738, se transporta solennellement à l'Hôtel-de-

Ville actuel. Montaubain survécut jusqu'en 1760; à cette date on dut supprimer la tour qui menaçait ruine et l'horloge fut déposée, pour un temps, au-dessus

Les Gros-Degrés.

du fronton du nouvel hôtel; il ne resta plus de l'antique siège du Sénat que les prisons civiles agrandies et modifiées, où l'on attachait les prisonniers à des anneaux de fer dont quelques-uns sont demeurés dans la profondeur des caves.

Les Gros-Degrés présentent certainement, dans tout ce vieux quartier, la physionomie la plus captivante et la plus caractéristique. Composés exactement de 79 marches divisées en 7 paliers, incrustés à droite dans des maisons pittoresquement construites et comme étagées dans le roc, menacés à gauche par de hautes murailles, vestiges de la forteresse primitive, les Gros-Degrés participent à la fois du donjon féodal et de la kasbah mauresque. Leur origine remonte au delà du xiiie siècle, car le grand incendie de 1217 commença « aux Degrés », dits de Notre-Dame, parce qu'une statue de la Vierge s'enchassait déjà dans la paroi. En haut, la rampe, usée par le frottement de plusieurs siècles, laisse cependant lire une inscription qui ne date point d'hier : « Aux frais de M. N. Bousmard, grand prévost. Claude Amil a faict ceste besongne - 1595 - . »

CATHÉDRALE. ÉVÊCHÉ.
GRAND SÉMINAIRE.

La Cathédrale.
L'Évêché. — Saint-Vannes.

La place de la Cathédrale, l'un des points culminants de la ville, la patrie des courants d'air, rendez-vous perpétuel de tous les vents de l'atmosphère qui semblent s'y être réunis pour lutter comme en un champ clos, est dominée par la Cathédrale, l'Évêché, le Séminaire, dont la masse imposante contraste étrangement avec la ville basse prosternée aux pieds de la colline.

Peu de monuments ont un passé aussi mouvementé que celui de la Cathédrale de Verdun. Située d'abord vers le IV° siècle hors des murs de la ville, puis dans l'endroit où elle se dresse maintenant, brûlée une première fois vers l'an 740, puis par les Normands, par le duc Boson vers 917, par les Hongrois et enfin vers 1050 sous l'évêque Thierry, ravagée en 1135 par Renaud, comte de Bar et voué de Verdun, qui avait non loin de là une tour d'où il incommodait et rançonnait les habitants, elle fut reconstituée en 1139 après que l'évêque Albéron eut défait le comte Renaud et consacrée, bien qu'inachevée, par le pape Eugène III en 1147. Ce fut, sauf quelques modifications de détail, le monument que l'on put voir jusqu'en 1755. Son auteur, l'architecte Garin, avait copié les églises métropolitaines de Trèves et de Mayence. C'était une grande construction, de style roman, semblable à une croix de Lorraine, avec deux transepts, et deux chœurs, l'un à l'Orient, le grand chœur, l'autre à l'Occident, le vieux chœur. Le chœur oriental, très haut, était environné sur ses côtés par un mur auquel s'adossaient les stalles des chanoines. Le vieux chœur, élevé de 12 degrés au-dessus du transept, avait été embelli vers la fin du XII° siècle par un pavé en mosaïque d'une merveilleuse beauté. Chaque abside était flanquée de deux tours carrées dont la plate-forme était surmontée d'une flèche aiguë, terminée par la croix; à la partie supérieure un double rang d'arcades fermées encadrait d'autres arcades concentriques de moindre dimension. Pas de voûte à l'intérieur, mais un lambris horizontal à plusieurs compartiments décorés avec goût, supporté par une charpente ouvragée, peinte et dorée. Les fenêtres étroites et cintrées; l'entrée principale probablement placée vers le milieu de la face Nord, deux autres portes sur le flanc Est du transept, peut-être d'autres sur la face Sud. Des cryptes, dont l'une, celle sous l'abside du côté de l'épître, a été déblayée et où l'on distingue encore des peintures murales, le Christ en croix, l'Annonciation, etc. Au XIIIe siècle on ajoute au sud une sacristie, belle salle ogivale, éclairée par deux grandes baies geminées, sobrement ornées : c'est *la Sorbonne*, ainsi appelée peut-être parce qu'elle servait soit aux réunions du Chapitre, soit aux conférences théologiques, ou comme le veut l'abbé Cloüet, parce qu'on y fit longtemps un grand catéchisme que l'on s'avisa, par plaisanterie, de comparer aux leçons de la célèbre Sorbonne de Paris. Au XIVe siècle on perce la plupart des chapelles latérales, quelques fenêtres. Vers la fin de ce siècle, quand Jean Wautrec, doyen séculier et premier magistrat de la cité, eut pris à sa solde les ouvriers restés sans travail par suite de l'achèvement du grand rempart, il les employa sous la direction d'un personnage alors inconnu, Pierre Perrat, depuis architecte des cathédrales de Metz et de Toul, à voûter la nef et à refaire dans le style de l'époque le chevet oriental. Au XVIe siècle enfin, on érigea le monument de Wassebourg. Tel était l'aspect de l'ancienne Cathédrale qui avait en somme fort grand air avec sa toiture en plomb, ses quatre tours élancées et ses 13 cloches dont une, la Sainte-Marguerite, pesait 18.000 l. Cela n'empêchait pas un dicton populaire de la comparer, à cause de ses quatre clochers, à un bahut renversé ; et les Huguenots, qui essayèrent en 1562 de surprendre la ville, se proposaient de retourner le bahut et de le replacer sur ses quatre pieds.

Vers 10 heures du soir, le 2 avril 1755, la foudre qui avait atteint déjà la Cathédrale en 1717 et 1738 s'abattit avec un bruit effroyable sur la tour du Sud-Ouest qui en un clin d'œil fut en flammes. L'incendie se propagea avec une extraordinaire rapidité, et l'évêque, M. de Nicolaï, qui était accouru pour se rendre compte de la gravité du danger, dut se retirer devant les ruisseaux de plomb fondu qui se précipitaient en cascades de la toiture. La force du vent et l'intensité des flammes étaient telles que plusieurs régions de la ville et même le faubourg de Glorieux craignirent pour leur sécurité. Ce ne fut qu'après un effort de trente heures que l'on put se rendre définitivement maître du feu. On admira la courageuse conduite d'un brave couvreur, Lambert Dumey, qui reçut une gratification de 30 l. et fut exempt de guet et de garde pendant 10 ans. Les registres publics ont gardé le souvenir de cette catastrophe et le procureur syndic écrivait le 26 avril 1755 dans un rapport présenté au conseil : « l'alarme a été si vive qu'on a appréhendé pendant sept à huit heures que le feu ne se communiquât aux maisons voisines de la Cathédrale, et delà, à celles des alentours, ce qui aurait pu occasionner le plus funeste embrasement capable de réduire en cendres sinon la totalité de la ville, du moins la plus grande et la plus considérable partie. »

La Cathédrale fut restaurée dans le mauvais goût de l'époque et perdit son cachet artistique pour s'enlaidir et se vulgariser. Les quatre clochers furent remplacés par les deux tours occidentales, carrées et lourdes, beaucoup moins hautes que les précédentes, avec une grossière balustrade. Aux riches verrières qui ne laissaient filtrer qu'une lumière douce et tamisée succédèrent d'insignifiantes ouvertures cintrées à vitres blanches. Le chœur occidental et ses cryptes disparurent, et l'on installa dans l'abside les fonts baptismaux et les grandes orgues. Le chœur oriental fut abaissé, ce qui entraîna le comblement d'une partie des cryptes et la destruction de leurs voûtes. Le sol était recouvert de pierres tombales qui cachaient la sépulture des bienfaiteurs de la cité ou de ceux qui avaient brillé de quelque éclat parmi leurs contemporains. Là reposaient environ vingt évêques dont Nicolas Psaume, H. de Béthune, des bourgeois comme Constantius et Wautrec; aux dalles funéraires on préféra un pavé quelconque d'une régularité désespérante. L'ogive se transforma trop souvent en plein cintre. On respecta bien certaines parties de l'œuvre de Garin, mais en les modernisant. Ainsi les piliers romans, sur qui les siècles avaient étendu une patine vénérable, furent déshonorés par un consciencieux grattage, fouillés de canelures, surchargés de motifs du style le plus prosaï-

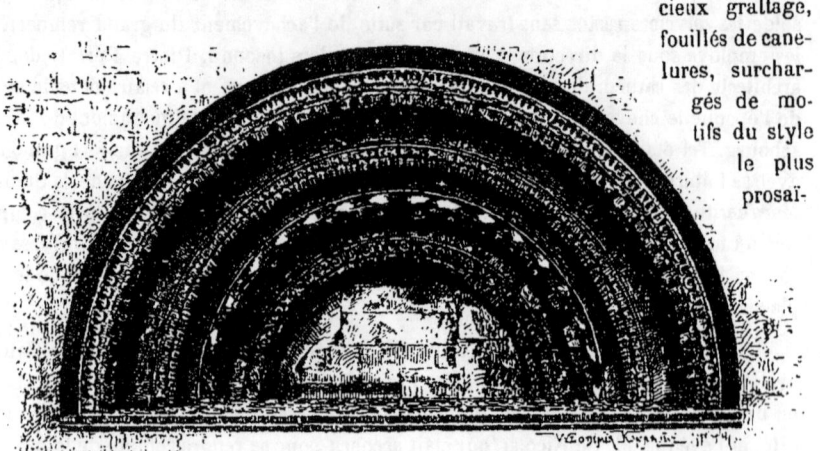

Cathédrale : Fronton de la Porte Saint-Jean.

que; ce fut ce même style qui inspira la facture des nouvelles portes placées à l'extrémité septentrionale des deux transepts, ainsi que celle du portail central, orné par le sculpteur Watrinelle. Le Chapitre était convaincu de la magnificence de ces embellissements qui lui coûtèrent plus de 600.000 l. non compris un don de 50.000 l. dû à la générosité du roi et les sommes considérables que l'évêque M. de Nicolaï y consacra personnellement. La municipalité fut plus clairvoyante. « On ne peut pas dire que le Chapitre embellit, puisqu'il a supprimé deux belles flèches qui subsistaient et qu'au lieu d'une couverture générale en plomb très solide et très distinguée, il en substitue simplement une d'ardoises. » (Délibération du 11 juillet 1755). Il est vrai que les boiseries du sanctuaire et des chapelles latérales, la chaire à prêcher, les hauts panneaux de l'Est sont des merveilles d'ébénisterie dues en général au ciseau de Lacour de Toul. On a prodigué les marbres et les dorures. Le chœur entouré d'une magnifique balustrade en marbre et dont les portes et les ouvrages de ferronnerie sont du pur style Louis XV, l'autel en marbre d'un travail parfait, le colossal baldaquin, entièrement en bois masqué par une épaisse couche de dorure et dont la croix terminale touche la voûte, avec ses quatre monumentales colonnes torses en marbre gris d'Italie, excitent l'admiration de tous les visiteurs. Les plans du baldaquin qui reproduit, mais sur une moindre échelle, celui de Saint-Pierre de Rome, avaient été rapportés de la ville éternelle par un savant et joyeux chanoine, l'abbé de Plaine. Pendant une courte période de la Révolution, ce temple devint le tribunal révolutionnaire; les juges siégaient au chœur et l'accusateur public tonnait du haut de la chaire à prêcher. Telle quelle, la Cathédrale mesure à l'intérieur 94 mètres de long, 35^m,30 de large, 19 mètres de hauteur du pavé à l'arête de la voûte, 38^m,65 pour la longueur du sanctuaire et du chœur sur une largeur de 12 mètres. On l'a dotée récemment d'un agréable jeu de cloches et d'un gai carillon que l'on projette de rattacher à la sonnerie de l'horloge.

En résumé, avec son abside orientale du xiie siècle, et la porte Saint-Jean ou Saint-Martin aujourd'hui murée, mais du roman le plus pur, la Sorbonne du xiiie siècle, la plupart des chapelles latérales du xive, quelques fenêtres du xve et du xvie, le monument de Wassebourg de la Renaissance et l'ensemble du xviiie siècle, la Cathédrale est un étrange composé de tous les styles dont le concours nuit évidemment à l'harmonie de l'édifice.

Le grand séminaire doit son origine à l'évêque M. d'Hocquincourt qui obtint par lettres patentes du roi, octroyées à Versailles en novembre 1678, la fondation à Verdun d'une école ecclésiastique où l'on éduquerait les jeunes clercs. En décembre de la même année, on inaugurait au palais épiscopal le cours de théologie; mais il fallut bientôt déménager pour cause d'exiguïté, et acheter aux religieux de Châtillon-l'Abbaye l'hôpital Saint-Jacques dans la ville basse (1682). Au bout de 50 ans, le séminaire tombait en ruines, et l'évêque, M. d'Hallencourt, le reconstruisait entièrement; les travaux durèrent huit ans : en 1749 ils étaient achevés et l'on prenait possession des locaux qui servent aujourd'hui de prison civile rue de Rû. Les séminaristes avaient en outre à Jardin-Fontaine une fort belle propriété qui passa par plusieurs mains et finalement échut le 1er août 1819 à Louis Fossée au prix de 12.800 francs. Après le séminaire constitutionnel, ce fut le séminaire de Nancy, dont le diocèse comprenait les trois départements de la Meurthe, de la Meuse et des Vosges, qui fut chargé de préparer le clergé meusien. En 1823, M. d'Arbou, à peine installé à Verdun, disposa dans la galerie et les chambres de l'évêché des salles destinées aux jeunes lévites qu'il rappela de Nancy; le grand séminaire devint donc une partie intégrante de l'évêché et fut aménagé de 1829 à 1837. La chapelle n'a été terminée qu'en 1856. En 1828, M. de Villeneuve faisait l'acquisition pour le séminaire d'une maison de campagne sise au Coulmier et payée 16.000 francs. On la revendit en 1836 pour la remplacer bientôt par celle de Glorieux.

Le grand séminaire possède un bijou artistique : le cloître, construit de 1509 à 1517 par maître Nicolas, « masson » de Verdun. Ce cloître, qui entoure de trois côtés une cour fermée vers le Nord par la cathédrale, se compose de 19 ouvertures, toutes de dessin différent, mais toutes admirables par la variété, la légèreté des rinceaux qui s'entrecroisent dans chaque arcade. Ce cloître merveilleusement conservé est certainement l'un des plus beaux modèles de la période architecturale appelée le gothique flamboyant. Les contemporains l'appréciaient et le Chapitre fut tellement satisfait du travail de maître Nicolas qu'on lui alloua des gratifications considérables et que l'on fit présent à sa femme d'un couvre-chef et d'un pellisson. — A l'extrémité méridionale, sur l'emplacement actuel de la cave du séminaire, trônait autrefois l'écolâtre : c'était un chanoine chargé, entre autres choses, d'exercer les enfants de chœur et d'ap-

Cloître du Grand Séminaire.

prendre à lire et à écrire à toute la jeunesse du cloître. On l'avait affublé du surnom irrévérencieux de « Chauffe-cul », allusion certaine aux procédés pédagogiques qu'il mettait en pratique.

L'Évêché, assis sur l'avancée sud-est du plateau occupé par la ville haute et couronnant un escarpement d'environ 25 mètres de hauteur au-dessus de la ville basse commande toute la campagne environnante qu'il découvre dans un splendide panorama. De proportions moins considérables avant le xviii° siècle, l'évêché se dressa probablement de tout temps sur cette partie du rocher. Brûlé en 1028, reconstruit en 1040, brûlé à nouveau en 1048, il fut souvent inhabité, surtout pendant la seconde moitié du moyen âge. La population de Verdun s'ameutait volontiers et les évêques préféraient, pour leur sûreté personnelle, se retirer dans leurs châteaux de Charny ou de Hattonchâtel. Nicolas Psaume le reconstruisit tout à neuf en 1548 pour s'en faire expulser quatre ans après à l'arrivée des Français : ce fut dès lors pour un moment le logis du gouverneur et son quartier général. Nicolas Psaume ne put rentrer en possession de sa maison qu'au bout de 12 ans, et lorsqu'il mourut en 1575, on y caserna une compagnie de gens de guerre qui le saccagèrent. Presque tous les évêques qui se succédèrent pendant un siècle et demi y firent des réparations jusqu'au jour où vint s'asseoir sur le siège épiscopal de Verdun le « maçon mitré » M. d'Hallencourt. Le moment était bien choisi ; ses bois offraient des ressources extraordinaires ; M. d'Hallencourt voulut en profiter et remanier de fond en comble l'évêché ; ses démarches aboutirent et les travaux commencèrent en 1725, dirigés au début par M. de Cotte, écuyer, chevalier de l'ordre de Saint-Michel, conseiller du roi et premier architecte de sa majesté, puis par M. de Cotte fils, intendant et contrôleur des bâtiments du roi, avec ordre de se conformer aux plans de son père. Les murs montaient lentement : en 1741, une portion seulement était achevée. En 1754 l'évêché n'était pas encore terminé et avait absorbé 500.000 l., soit plus d'un million de francs d'aujourd'hui. C'est ainsi que fut érigé sans grande hâte ce palais « trop superbe pour les successeurs des apôtres » (1), aussi admirable par la grandeur des proportions que par l'intelligence des détails. Au xviie et au xviiie siècles, l'évêché recevait des hôtes de distinction. C'est à l'évêché qu'on hébergea le roi à son passage en 1632, la reine en 1633, le roi Louis XV en 1744 lors de sa chevauchée vers Metz, la reine Marie Leczinska en août 1725, lorsqu'elle vint rejoindre son mari, le jeune roi Louis XV. On lui rendit des honneurs magnifiques ; on l'escorta en grande pompe à l'évêché, où les chevaliers de l'Ordre Social, réunion de beaux esprits, lui débitèrent des vers de mirliton.

A la Révolution, l'évêque constitutionnel Aubry, personnage très modeste, se contenta d'un simple appartement, et l'évêché servit à l'administration du district puis aux bureaux de la Sous-Préfecture qui furent en 1803 transférés à Saint-Paul. A cette date, un sénatus-consulte créa 35 sénatoreries dotées d'un hôtel et de revenus pris sur les biens nationaux, et l'évêché fut affecté à la sénatorerie de Nancy ; le titulaire, un certain Vimar, n'y séjourna que rarement. Pendant la Restauration, à partir de 1814, les généraux commandant le département de la Meuse y eurent leur quartier général ; mais en 1823, lorsque l'évêché de Verdun fut rétabli, le palais épiscopal redevint la maison d'habitation des évêques.

La place Châtel et la rue Porte-Châtel nous conduisent au plus ancien monument de Verdun, la porte Châtel, dite porte Champenoise, parce qu'elle s'ouvrait du côté de la Champagne. C'est un reste de la forteresse primitive qui constitua Verdun avant la conquête romaine. Cette forteresse, sorte de camp sous les Romains, prit au

(1) Ms. abbé Langlois.

moyen âge le nom de Châtel ou ancienne Fermeté. On y pénétrait par trois portes, celle du Princier, proche de la Tour-le-Princier, celle de Mazel, vers les Petits-Degrés et celle de Châtel, la seule que les années aient épargnée. Un chemin allait de la porte Châtel au Champ des Gentils que D. Cajot place sur la côte Saint-Barthélemy et où les païens, les gentils, faisaient des sacrifices avec force réjouissances. Est-ce cette particularité qui aurait fait surnommer ces parages Mont de la joie, *Mons gaudii*, d'où nous est venue la rue Montgaud ? Nous l'ignorons.

A l'Ouest de la porte Châtel, à l'extrémité de la rue des Hauts-Fins, s'étend l'esplanade de la Roche. Toute la région qui comprend l'esplanade de la Roche et la citadelle s'appelait au XVIe siècle le Mont Saint-Vannes. Immédiatement après l'occupation de la ville par Henri II, on avait entouré le Mont Saint-Vannes d'un soupçon de fortification. Ces ouvrages n'étaient séparés de la ville que par un fossé, et la porte Châtel était reliée directement à la porte du rempart, dite porte au Mainil ou en France, sur le grand chemin de Champagne et qui se confondait à peu près avec la porte de secours de la citadelle. Mais que pouvaient ces murailles dans une guerre sérieuse, surtout lorsque l'aristocratie verdunoise ne supportait qu'impatiemment le joug du roi de France, et que l'évêque ne songeait qu'à reconquérir son indépendance ? La construction de solides remparts s'imposait, aussi bien contre les ennemis du dehors que contre ces mauvaises têtes de Verdunois, toujours prêts à la révolte. Louis XIII envoya à Verdun un maréchal de camp avec des forces suffisantes pour

PORTE CHÂTEL.

étouffer toute tentative de rébellion. Le maréchal de camp Marillac arriva en 1620 ; il avait sous ses ordres trois ingénieurs, Châtillon, Allaume et d'Argencourt. En 1624, on se mit à l'œuvre, et la citadelle fut à peu près terminée en 1630 ou 1631 ; elle se composait de 7 bastions reliés par des courtines et dont deux regardaient la ville ; l'escarpement du Sud, négligé au xvi° siècle, fut renforcé comme le reste de l'enceinte.

La vieille porte au Mainil, celle qui donnait accès sur la Champagne, était la seule qui existât sur la rive gauche de la Meuse. Le trafic était déjà considérable, et les denrées, pour entrer à Verdun où en sortir de ce côté, devaient traverser la citadelle qu'il fallait laisser constamment ouverte. Marillac supprima la porte au Mainil et la relégua à l'extérieur des nouveaux ouvrages, dans l'angle rentrant formé par le rempart à l'Est de la citadelle et à l'Ouest de Saint-Maur. Plus tard, en 1636 seulement, fut percée, aux frais du roi, la porte de France, et la ville entreprit de ses deniers la rue Porte-de-France sur l'emplacement d'une grange qui dépendait de la maison d'un riche bourgeois, Geoffroy de la Plume.

Tous ces travaux, complétés à la fin du xvii° siècle par Vauban, modifièrent considérablement cette partie de la Cité. L'arrangement de ces bastions, de ces fossés, de ces glacis, l'obligation de tenir les alentours découverts, forcèrent Marillac à dépeupler le Mont Saint-Vannes. Trois faubourgs qui entouraient Saint-Vannes furent en majeure partie culbutés : Haute-Escance (Glorieux) sur le versant nord-ouest de la colline, le ban Saint-Vannes à l'Est au sommet, et le Mainil sur le versant sud. Le faubourg de Glorieux se prolongeait sans interruption jusqu'à la porte au Mainil. Marillac fit détruire 200 maisons et les propriétaires s'exilèrent dans le hameau qu'ils appelèrent Regret et dont le sens se passe de commentaire.

« Le ban Saint-Vannes a eu le sort du faubourg de Glorieux. Plus de 160 habitations démolies de fond en comble, pour ménager une esplanade entre la ville et la citadelle, ont causé le renversement des églises paroissiales de Saint-Remy et de Saint-Amand et réduit à la mendicité près de 200 familles depuis la clôture de Saint-Vannes jusqu'à la porte Châtel. » (D. Cajot).

Saint-Remy disparut pour toujours ; Saint-Amand qui avait eu la malchance de se trouver sur le tracé du front bastionné fut reconstruit au Sud du plateau, et les Capucins, comme nous le savons, durent s'expatrier. Le terrain qui séparait l'évêché et la porte Châtel du fossé de la citadelle, terrain non aplani, couvert de broussailles, s'appela le Broussy. Or la porte de France n'était accessible aux habitants de ces quartiers que par la rue Montgaud dont la pente était rude ; on réclamait une voie moins ardue. Comme d'autre part Verdun ne possédait aucune promenade publique, sur la proposition de M. François Cloüet, maire de la ville, on nivela et planta d'arbres, entre les années 1782 et 1783, l'esplanade. On aménagea de même l'avenue de Jardin-Fontaine, l'allée que nous nommons allée des Soupirs et qui porta pendant quelque temps le nom de Cloüeterie ; des officiers du génie surveillèrent les travaux dont la dépense atteignit 6.500 livres environ. On régularisa de plus le versant sud, et on rendit accessible aux voitures, en faisant sauter les rochers qui obstruaient le passage, le chemin qui descend vers la Meuse. C'est probablement à cette époque que l'esplanade, et pour cause, fut baptisée la Roche. On l'inaugura le soir du 2 août 1783, à l'occasion du voyage du frère du roi Louis XVI, le comte de Provence, futur Louis XVIII. Elle fut illuminée jusqu'à la porte de France par des « pots à feu » placés entre les arbres; au centre on avait élevé une pyramide où étaient peintes sur des transparents éclairés les armes du prince et celles de la ville. Ainsi s'est embellie cette promenade publique, ombragée aujourd'hui d'arbres séculaires, et d'où la vue embrasse la vallée que drainent lentement les eaux de la Meuse.

La clôture de la citadelle englobait l'abbaye de Saint-Vannes. L'église des apôtres saint Pierre et saint Paul, dite ensuite de Saint-Vannes, fut la cathédrale des quatre premiers évêques de Verdun. Leurs successeurs immédiats, après que le siège épiscopal eut été transféré dans la cité, en firent leur lieu de sé-

Tour de Saint-Vannes.

pulture, et saint Vannes, le 8ᵉ évêque, y établit une communauté de religieux. Au début du xᵉ siècle, l'évêque Barnoin y installa des clercs et 8 chanoines dont la vie ne fut pas un exemple de régularité;

aussi son successeur Bérenger les remplaça-t-il en 952 par des moines de l'ordre de saint Benoît. Ce fut l'origine de l'abbaye de Saint-Vannes qui demeura jusqu'à la Révolution. L'abbaye de Saint-Vannes était située hors de l'ancienne Fermeté, sur la hauteur qui relie à l'Ouest le Châtel et la côte Saint-Barthélemy. Ses nombreux bâtiments, ses beaux jardins entourés de fortes murailles, étaient bordés au Midi par la route qui partait de la porte Châtel, aboutissait à la porte au Mainil et se dirigeait vers la Champagne et Paris. Les constructions entouraient deux cours : celle de l'Ouest comprenait le logement de l'abbé; celle de l'Est renfermait le cloître, la salle capitulaire, la bibliothèque, le réfectoire, les cellules des religieux ; elle touchait au Sud à l'immense et belle église dont une des tours reste debout.

Quand au XVIIe siècle, Saint-Vannes eut été enserré dans l'enceinte fortifiée, certaines de ses dépendances furent utilisées pour le service militaire : ainsi l'hôpital ou aumônerie, vaste salle du XIIe et du début du XIIIe siècles, avec ses trois nefs séparées par deux rangées d'arcades ogivales, devint l'arsenal. La Révolution prit possession du monastère le 17 mai 1790 ; les religieux déclarant qu'ils ne voulaient pas abandonner leur retraite, on réunit à Saint-Vannes tous les moines des différentes communautés qui préféraient vivre en commun, mais qui durent se disperser le 14 octobre 1792: L'abbaye fut convertie en caserne et l'église fermée.

L'église et le cloître de Saint-Vannes méritent une mention spéciale. L'église fut rebâtie trois fois au XIe, au XIIIe et au XVe siècles, et chaque fois avec la plus grande magnificence. Au XIe siècle, l'abbé Richard de Banton qui dirigea l'abbaye de 1004 à 1046 présida à la première réfection. L'église reposait apparemment, à juger du moins par ce qu'il en reste aujourd'hui, sur piliers massifs, dans la proportion et le style des cathédrales romanes de la vallée du Rhin. Elle avait son grand portail à l'Occident ; il s'ouvrait entre deux grosses tours carrées sur une nef centrale éclairée par des fenêtres cintrées, recouverte par un plafond horizontal à compartiments et terminée par trois absides voûtées et décorées d'arcades à l'intérieur et à l'extérieur. Au XIIIe siècle, l'abbé Louis de Hirgis, qui administra Saint-Vannes de 1197 à 1237, entreprit une seconde restauration dans laquelle il maintint le plein-cintre et conserva à la basilique la forme de la croix qu'il accusa davantage encore. Mais l'église qu'on a pu admirer jusqu'au XIXe siècle fut l'œuvre d'Étienne Bourgeois, abbé de Saint-Vannes, qui vers 1430 en entreprit la reconstruction dans le style ogival; elle fut achevée en 1520 par son successeur Nicolas Goberti.

Étienne Bourgeois garda le portail et les tours romanes et y adjoignit un vaisseau à trois nefs de hauteur presque égale, qui mesurait près de 60 mètres de long, 24 mètres de large et 18 mètres de hauteur sous la clef de voûte et comptait 12 travées en dehors de la porte romane. Les trois nefs étaient séparées par des arcades ogivales, portées par des colonnes élancées et couronnées de chapiteaux savamment fouillés. Des losanges ou des roses d'un dessin varié, d'une exécution soignée, surmontaient les fenêtres, gracieuses et légères, à trois lancettes. Les voûtes étaient également ouvragées et les clefs sculptées : celle qui dominait l'autel principal s'ornait de l'aigle à deux têtes du Saint-Empire. Entre les contreforts extérieurs, de chaque côté des nefs secondaires, six chapelles très régulières à petites fenêtres ogivales. Au milieu des deux tours de la façade occidentale brillait une magnifique rosace de création romane mais modifiée au xv⁰ siècle dans le goût de l'époque. A l'intérieur, un mobilier d'une grande richesse dont les premières pièces dataient de Richard de Banton. L'extérieur, dont la pierre, qu'on s'était heureusement gardé de gratter ou de peindre, avait

conservé sa belle teinte rosée, était surmonté de gracieux clochetons, et sur le haut des murs régnait une longue balustrade, délicate comme une broderie.

Le cloître s'étendait au Nord de l'église, avec laquelle il communiquait, sur trois côtés de la cour. Édifié au xiii⁰ siècle, dans le style ogival, il comptait 18 travées entières et 2 demi-travées. D'une régularité en quelque sorte mathémati-

RECONSTITUTION D'UN FRAGMENT DE SAINT-VANNES (MAISON CLÉMENT).

que, il se distinguait par l'harmonie des proportions, la grâce et le fini des détails.

Ces merveilles ont presque totalement disparu aujourd'hui. Tous les événements semblent avoir conspiré à leur perte. Dès la construction de la citadelle on parla de culbuter Saint-Vannes. En 1552 on découronna les tours pour y mettre du canon. Marillac voulut raser l'abbaye; sa disgrâce n'empêcha pas les projets d'abonder. Louis XIV, frappé de la grandeur de l'église qu'il visita en 1687, en interdit la destruction. Lors de la Révolution, le Génie reçut la garde des bâtiments. La couverture de l'église menaçait ruine; le colonel directeur Thiébaut proposa en 1817 un devis de 4.500 francs pour la réparation. Le comité des fortifications rejeta la proposition, prétendant que c'était à la ville à pourvoir à cette dépense. La ville trouva cette décision d'autant plus étrange qu'elle n'était pas propriétaire, et comme elle était fort pauvre à ce moment, elle n'accepta pas cette nouvelle charge, persuadée que le département de la guerre reviendrait à de meilleurs sentiments. Il n'en fut rien. Une visite que fit en 1818 à Saint-Vannes le duc d'Angoulême ne modifia nullement la situation. Ordre fut donné en 1820 d'enlever la toiture pour éviter les accidents et dès lors les voûtes à nu se corrompirent très vite. Le 11 octobre 1826 parut une note qui prescrivait la démolition complète de l'église. Le directeur du génie, à qui l'on ne doit nullement imputer la perte du monument, fit tout ce qu'il était possible pour sauver ce qui restait. Les colonels Petitot et Olry présentèrent de nouveaux rapports; tout fut inutile et, entre 1831 et 1832, on supprima la basilique, sauf la tour septentrionale qui a survécu, grâce à l'idée émise par le colonel Petitot de la transformer en silo destiné à la conservation des grains et des farines de la garnison, idée qui ne fut d'ailleurs jamais réalisée. On respectait le cloître, la salle capitulaire contiguë, et l'ancienne aumônerie. La grande rose centrale du portail fut léguée plus tard à l'église de la Chalade. Le siège de 1870 a consommé la destruction : l'incendie causé par le feu de l'ennemi a détruit les annexes du cloître; le cloître a singulièrement souffert, la salle capitulaire s'est effondrée et tous les bâtiments ont été criblés de boulets; le délabrement où ils se trouvaient n'a pas permis de les conserver, et de tout cet asile de méditation, de travail et de paix que fut Saint-Vannes, il ne subsiste, à cette heure, que la tour romane du xie siècle, dressant sa silhouette dépaysée au milieu des murailles bastionnées et des parcs d'artillerie.

En 1873, la Société philomathique intervint, et, grâce à certaine initiative privée, on eut le bonheur de recueillir et de déposer au Musée ou dans l'ancien cimetière de Saint-Victor quelques-uns de ces fragments très précieux, mais trop peu nombreux, qui devinrent, par la suite, la propriété de la ville. Un amateur distingué, M. Clément, qui avait acheté ces débris, a entrepris tout récemment de relever, dans la cour de la maison qu'il habite rue de l'Hôtel-de-Ville, une partie du cloître Saint-Vannes; il a pu reconstituer, outre la fameuse porte de la salle capitulaire, celle qui se trouve décrite dans le dictionnaire d'architecture de Viollet-le-Duc (tome VII, page 457) et dont la composition vaut un chef-d'œuvre. Nous espérons bien que M. Clément, dont le culte des belles choses est universellement connu à Verdun, ne s'arrêtera pas en si bon chemin, et continuera cette résurrection que tous ceux qui s'intéressent à notre histoire locale désirent sincèrement.

III

La Rive gauche de la Meuse.

RUE DE RÛ.

La route qui descend la pente de la Roche rejoint après un long détour l'extrémité de la rue de Rû dont le nom lui vient peut-être du bras de la Meuse que l'on surnommait le Rû. Cette voie, que la citadelle et l'évêché surplombent de leur formidable hauteur, se termine par l'ancienne église Saint-Amand. La paroisse de Saint-Amand était considérable, et l'église l'une des plus belles de Verdun; aussi accueillit-on fort mal l'ordre de destruction quand Marillac dut la culbuter pour transformer la citadelle; le sanctuaire fut transféré au bas du Mont Saint-Vannes dans l'hôpital militaire de Saint-Vincent que l'on consacra à l'exercice du culte. En 1762 Saint-Amand menaçait ruine, bien qu'elle n'eût pas cent trente ans d'existence. La paroisse comprenait alors le quartier de Rû, Montgaud, la Roche, la citadelle, les faubourgs de Jardin-Fontaine,

Glorieux, Regret et Baleycourt. Or les habitants des faubourgs, éloignés de leur église, et qui étaient les plus nombreux, se montraient fort mécontents de trouver les portes closes quand ils venaient la nuit réclamer les secours de la religion; ils auraient désiré que l'église fût reportée en dehors des murs. La ville appuyait leur requête qui fut rejetée, et le bâtiment fut reconstruit en 1765 à sa place primitive; il est de style toscan et sans aucune valeur architecturale. En 1827 l'évêque, M. de Villeneuve, obtint d'y établir une chapelle pour le service religieux des soldats condamnés aux travaux des fortifications, et le 4 novembre 1828 on célébra en grande pompe une solennité en l'honneur de saint Charles, patron du roi Charles X. Vers 1830 l'église fut fermée, abandonnée au commandant de place qui la convertit en magasins et en écurie, et la fabrique de Fromezey hérita de l'autel et du tabernacle.

La maison d'arrêt occupe l'emplacement de l'Orphanotrophe (1) de Nicolas Psaume qui disposa l'hôpital Saint-Jacques de façon à ce qu'il pût recevoir vingt-quatre orphelins. Il y eut, aux frais de l'évêque, des cours de théologie, de philosophie, de jurisprudence faits par des professeurs venus en droite ligne de la Sorbonne. Mais en 1565 les ressources de Nicolas Psaume étant épuisées, maîtres et élèves quittèrent la maison. Nicolas Psaume prescrivit en vain dans son testament d'y faire instruire dix orphelins sous la direction d'un prêtre; cette nouvelle tentative ne réussit pas davantage, et en 1590 les bâtiments étaient cédés aux religieux de Châtillon-l'Abbaye. En 1682, comme on l'a lu plus haut, l'Orphanotrophe fut racheté par l'évêque et servit de séminaire jusqu'à la Révolution. La Révolution y logea la gendarmerie, puis différents corps de la garnison. Reconstruit de 1741 à 1749, le séminaire devint en 1812 la prison civile.

La rue de Rû s'embranche sur la rue du Pont-des-Augustins où se dressent à l'Ouest le marché couvert et la bibliothèque publique. Là se voyait autrefois la maison des Sacs, c'est-à-dire des religieux de la Pénitence de Jésus-Christ que l'on appelait à cause de leur vêtement Sacs ou Sachets et qui, soumis plus tard à la règle de saint Augustin, prirent le nom de leur patron. Attirés à Verdun vers l'an 1310 par l'évêque Nicolas de Neuville qui leur donna le droit de mendier, ils purent par leurs économies acheter l'immeuble qu'ils occupèrent jusqu'à la Révolution. Quantité de fondations pieuses augmentèrent leurs ressources, entre autres la messe Marillac pour le repos de l'âme du maréchal. On tint en 1567 dans leur cloître un véritable chapitre national des Augustins. En 1775 il y avait sept pères, un ecclésiastique et deux frères convers; en 1790 il restait encore cinq pères et deux frères. Les recettes pour l'exercice de 1789, d'après le procès-verbal des commissaires du gouvernement, se montaient à 2.316 l. 17 sous 2 deniers : c'était, paraît-il, insuffisant et la communauté passait pour la plus pauvre de la cité. L'église, dont le chœur, remplacé maintenant par la façade de la bibliothèque, regardait l'Orient, était signalée comme un beau spécimen de l'architecture ogivale du XIVe siècle; l'évêque constitutionnel Aubry voulut la conserver pour l'usage des habitants du faubourg du Pré, mais elle disparut et l'on en fit une salle de spectacle, propriété privée, qui fut inaugurée au carnaval de 1797 par un bal public. La ville racheta cette propriété vers 1830, y

(1) Maison d'éducation pour les orphelins.

construisit un porche assez insignifiant, et y installa son théâtre. Cet édifice sert actuellement de bibliothèque municipale avec, au premier étage, trois pièces principales, le bureau, la salle des livres et la salle de lecture, grande et belle, fort bien décorée, grâce aux anciennes boiseries de Saint-Paul, et qui reçoit le jour par une vaste verrière. Les vitrines contiennent, à côté de nombreux manuscrits, des livres aussi précieux que rares. Le fonds provient des anciens établissements ecclésiastiques de Verdun, et principalement des abbayes de Saint-Paul, Saint-Vannes, Saint-Airy, du collège des Jésuites, etc.

Quantité de collections privées se sont déversées dans le trésor primitif, entre autres celles des de Plaine, des d'Attel de Luttange. Outre 475 manuscrits (ré-

QUAI DE LA COMÉDIE.

colement de 1900), la bibliothèque possède plus de 35.000 volumes; c'est donc une des plus riches de la contrée.

Le quai de la Boucherie, perpendiculaire à la rue du Pont-des-Augustins, portait à l'époque où il fut exhaussé (1785-1789) l'abattoir et la boucherie commune, où devaient étaler sous peine d'une forte amende, les quatre maîtres du « boucher grand » c'est-à-dire ceux qui débitaient le bœuf, le mouton ou le veau. C'est aujourd'hui le quai de la Comédie, et cette appellation est d'autant mieux méritée que nous y trouvons le théâtre construit sur l'emplacement de la boucherie commune, depuis halle aux blés, et incendiée pendant le grand bombardement des 13, 14 et 15 octobre 1870. Le théâtre, œuvre de M. Chenevier, inauguré le 4 novembre 1893, par M. Poincaré, alors ministre des beaux-arts, figure au premier rang parmi les embellissements dont la ville est redevable à l'intelligente initiative de la municipalité. Ce bâtiment est orienté de telle façon qu'il apparaisse tout entier avec son caractère monumental de la promenade de la Digue. La façade, haute et large, s'appuie sur de fines colonnes corinthiennes que supporte un balcon de grande allure. Des niches creusées dans l'épaisseur du mur devaient recevoir, d'après le projet primitif, les statues des Muses de la danse, de la tragédie et de la comédie. La bordure supérieure est faite de motifs de décoration gracieux et achevés. En arrière-plan, une lyre surmonte la partie postérieure de l'édifice. L'intérieur comprend un vaste péristyle, de larges escaliers, un foyer spacieux et élégant s'ouvrant par de hautes fenêtres sur le balcon. La salle, où peuvent se ranger commodément près de 800 spectateurs, est ornée avec goût et resplendit de dorures. Le plafond,

RUELLE DES SERGENTS.

dont l'exécution a été confiée à un artiste nancéien, représente un soleil flamboyant sur lequel se détache une lyre d'or, symbolisant Apollon le dieu des arts; ses rayons illuminent et inspirent la Musique, la Comédie, la Poésie, que des génies couronnent de fleurs. Ces motifs, peints dans un ton clair mais très précis, ressortent nettement sur un ciel d'un bleu limpide. Autour de la coupole court une guirlande qui ajoute encore à la fraîcheur du décor. Les plus minutieuses précautions ont été prises contre l'incendie.

La rue Beaurepaire réunit le pont Beaurepaire et la place Mazel, le vieux Mazel du xvi⁰ siècle. La dénomination de Mazel neuf s'appliquait au terrain gagné sur la rivière. Le Mazel (*macellum*, marché) était certainement le quartier le plus ancien de ce côté de la Meuse, après le Châtel ou Fermeté ; la place Mazel comme la place d'Armes fut rétrécie au début du xvii⁰ siècle ; on y trafiquait dans les Estaulx de Mazel, boutiques en plein vent, dont la propriété se transmettait par vente ou par héritage de père en fils ; dans un coin, le pilori où l'on exposait les bourgeois coupables de certains délits. A l'angle N. de la place Mazel, entre la rue et la place, l'hôtel des Quatre-Clochers dont les quatre tourelles à flèches fort pointues sont très visibles sur les vieilles vues de Verdun. Là logeaient sans doute les comtes de Bar, voués de Verdun, lorsqu'ils se rendaient dans la cité. L'hôtel des Quatre-Clochers prenait jour par de hautes fenêtres ogivales ornées d'animaux fantastiques, et dont la dernière ne disparut que vers 1840 ; ce qui restait de la façade a été démoli vers 1865.

Jusqu'au xvii⁰ siècle, la rue Mazel était barrée par la porte Ancel-rue, vulgairement Nancel-rue (porte de la rue d'Anselme). Cette porte jetée entre l'ancienne Fermeté et la portion de l'enceinte qu'on appelait le petit rempart devenait un obstacle sérieux pour la circulation, depuis qu'elle était englobée dans les nombreuses constructions qui se pressaient autour des Jésuites, du Tournant-Saint-Pierre et de la Tour Chaussée. Aussi fut-elle supprimée en 1618, à la grande joie des voisins ; mais le souvenir en est resté dans l'inscription très apparente qui a été gravée au-dessus de la porte du n° 40. « Ici souloit estre la porte à Nancelrue, qui fut démolie l'an 1618. »

A cette date, la rue Neuve, autrefois rue Neuve-sur-l'Eau, était à peine ébauchée ; car les bourgeois étaient rares qui s'enhardissaient jusqu'à édifier, sur les décombres de la rive, des maisons que les colères du fleuve ne respectaient pas toujours. La rue Neuve coupée par la rue du port de la Madeleine se terminait au Fossé Lambin qui changea de nom plusieurs fois. Une enseigne d'hôtellerie, dit-on, suffit à débaptiser le Fossé Lambin, rue Jean-Boucart au xvi⁰ siècle, pour en faire la rue du Saint-Esprit.

Le quartier de la Tour Chaussée était sillonné surtout par les voies de Fornel-rue et des Rouyers. Fornel-rue, la rue du Four, a disparu sans qu'il soit possible de retrouver sa trace. La rue des Rouyers est demeurée ; mais elle a perdu jusqu'à l'apparence même de ce mouvement qui l'animait à l'époque où de nombreux ateliers de rouyers, de fabricants de roues, c'est-à-dire de charrons donnaient à ce coin, l'un des plus industrieux de Verdun, une physionomie si active et si gaie.

Les Rouyers formaient une corporation dont les statuts, sur parchemin, scellés du sceau du Saint-Empire, sont conservés aux archives de notre ville. La confrérie, dont les membres devaient fêter la Saint-Éloi et assister à la messe célébrée ce jour-là, était tenue d'entretenir deux torches pour « la dévotion et l'honneur » de la procession du saint-sacrement. Les compagnons s'obligeaient « à la conduite du mariage » ou des obsèques de l'un d'entre eux sous peine d'amende ; ils recevaient d'ailleurs, pour ce dérangement, une indemnité suffisante. Les maîtres de l'art, élus le lendemain de la Saint-Éloi, inspectaient les boutiques et veillaient à ce que les rouyers forains, de passage à Verdun, payassent, sans trop maugréer, le droit fixé pour l'exercice de leur profession.

Proche de la rue des Rouyers, l'étroite et pittoresque ruelle des Sergents nous fait songer à quelque sombre coin du vieux Barcelone et communique à cette partie de Verdun, péniblement arrachée aux boues de la Meuse, un air de mystère qui ne lui messied point.

La Meuse.

IV
La Meuse.
Les Ponts. — La Tour Chaussée.

La Meuse en amont de Verdun se bifurque en deux bras : l'un prend la direction Nord ; arrêté dans sa course par le Mont Saint-Vannes, il tourne vers l'Est et pénètre en ville à hauteur de l'église Saint-Amand. C'est le bras Saint-Vannes, le plus important au xve siècle, et que les bateliers utilisèrent jusqu'au jour où ils durent l'abandonner, à cause de ses périlleuses fantaisies, pour le deuxième bras, le Moson. Le Moson, protégé à son entrée dans le rempart par la grande Grille, divisé dans son parcours en plusieurs canaux, constituait la route suivie du xvie au xviiie siècles par les barques qui traversaient Verdun. Un troisième bras, que le Moson saignait aux hautes écluses, par une dérivation faite de main d'homme, n'avait nullement l'importance qu'il a acquise à la fin du xviie siècle et surtout depuis que le canal de l'Est, branche Nord, emprunte son lit. On l'appelait le Preillon ou Praillon, ruisseau du Pré, faubourg à peine habité et enserré entre le Preillon et le bras Saint-Vannes ; une partie de ses eaux se mêlait à celles d'un bras du Moson, le petit bras ou Brachieul ; une autre partie, la Ruisselette ou Rousselette, contournait à l'Ouest le Pré et tombait dans le bras Saint-Vannes, en face de Saint-Amand. Ce ne fut que lorsque Vauban eut modifié le système de défense que le Preillon fut élargi et régularisé. Comme aujourd'hui, le bras Saint-Vannes rejoignait le Preillon en aval du Pont des Augustins, et le Moson confluait en amont du Pont de la Chaussée.

Le bras Saint-Vannes était barré par la porte aux Foins ou de Notre-Dame qui s'ouvrait aux temps de la fenaison à l'extrémité nord-est du pré l'Évêque, par le pont des Raines (Pont des Grenouilles) ou pont Saint-Amand depuis la translation de l'église, et par le Moulin-l'Évêque, établi au xie siècle par l'Évêque Albéron de Chiny, puis passé par la suite dans le domaine du Chapitre et qui aurait été détruit en 1772 sans l'habileté des propriétaires : les ingénieurs prétendaient, non sans raison, que son bief occasionnait de continuels dégâts dans les prairies supérieures. C'est actuellement une usine destinée à produire l'électricité nécessaire à l'éclairage de la ville. Le pont Saint-Nicolas ou pont des Augustins, était mal agencé, peu solide; on y parvenait par de véritables cloaques impraticables à des voitures lourdement chargées. Il était fermé par une porte flanquée de deux tourelles qui s'effondraient au début du XVIIIe siècle. En 1730, on démolit la porte et on ne laissa subsister des tourelles que les assises inférieures, parce que l'une d'elles servait de point d'appui à la toiture d'un corps de garde que l'on voulait conserver; ces débris disparurent en 1739. Lors des fouilles faites en 1873 dans le jardin dont la pointe sépare les deux bras de la Meuse, on découvrit des substructions, vestiges possibles des anciennes tours. Un pont, charpenté de fer, succède au pont de bois visible il y a quelques années encore.

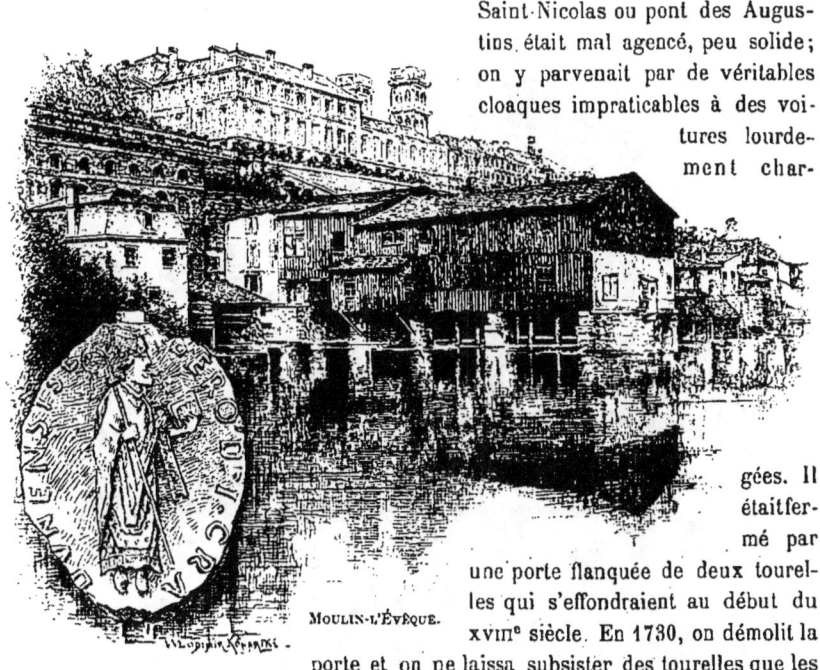

MOULIN-L'ÉVÊQUE.

Le pont Sainte-Croix, devenu pont Beaurepaire, le plus ancien de Verdun, était protégé du côté de Mazel par une porte que l'on supprima en même temps que les tronçons des tourelles des Augustins, lorsque le comte de Belle-Isle, gouverneur de la province, prescrivit l'alignement et l'élargissement des rues les plus fréquentées. Son nom lui vient d'une croix qui surmontait au moyen âge l'arche centrale. Une légende sinistre se rattache à son histoire : vers l'an 540 Deutérie, la femme du roi d'Ostrasie Théodebert, jalouse d'une fille qu'elle avait eue de son premier mariage, aposta, lors du passage de son enfant dans Verdun, des gens qui au moment où elle s'engageait sur le pont, la précipitèrent avec son lourd chariot et les bœufs qui le traînaient dans les flots de la Meuse.

Un pont construit vers 1090 relia pendant moins de deux siècles la rue du Port et la rive droite. Au XVIIIe siècle, son emplacement était occupé par deux moulins, celui de la Madeleine situé à l'extrémité de la rue du Port, celui de Saint-Maur planté de l'autre côté, et réunis par un fort barrage en pierres de taille.

Enfin, au pied de la tour Chaussée, le pont Chaussée. Le pont Chaussée doit son origine aux fondateurs de l'hôpital Saint-Nicolas de Gra-vière, Constantius et sa femme Efficia. On le connut sous le nom de pont Dame-Deie, ou de la Maison-Dieu (*domus Dei*), c'est-à-dire de l'hôpital, puis de pont à Gravière, ensuite de pont de la Chaussée parce qu'il

La Tour Chaussée. — La Rue Chaussée.

aboutissait à la belle route que les chartes intitulent « *la Chaulcie fuers Verdun* » et qui fut également l'œuvre de Constantius et d'Efficia. Ce pont, en bois comme celui de Sainte-Croix et des Augustins, s'étendait à peu près jusqu'à la naissance du rempart du Sud et portait vers son milieu la tour du Pont-Levis, supprimée en 1688.

La Meuse n'était pas endiguée et des inondations désolaient souvent les quartiers bas. En décembre 1740 le débordement le plus considérable, dont les registres publics aient gardé le souvenir, renversa la plupart des ponts et des moulins, abattit des pans entiers de l'enceinte primitive, se répandit dans toute la ville basse et en certains endroits atteignit la hauteur du premier étage. Ces catastrophes provenaient d'abord du peu de largeur du pont Sainte-Croix, tellement étroit, qu'en temps de crue, le débit y était moitié moindre que celui du Preillon et du bras Saint-Vannes; d'autre part, le barrage des moulins de la Madeleine et de Saint-Maur maintenait les eaux à un niveau trop élevé et augmentait encore les difficultés de l'écoulement. Aussi à partir de 1775 fit-on disparaître le barrage, ce qui entraîna la suppression des moulins de la Madeleine et de Saint-Maur. Quant au pont Sainte-Croix, rebâti en pierres de 1782 à 1785, il fut allongé de cinq mètres environ. Ces travaux eurent pour conséquence d'abaisser le niveau des eaux et d'arrêter ces accidents, auxquels a mis fin le tracé du canal de l'Est.

En 1876-1877 on dragua la Meuse pour la rendre navigable et l'on retira de la vase des objets de toutes les époques que les vingt siècles de l'histoire de Verdun avaient dispersés dans ses flots : des épées, des fers de lance, des haches, des clefs, des serrures, des médailles, des monnaies; on retrouva les poutres en cœur de chêne, dures comme du fer, du pont du xie siècle, mais aucune trace du char de la fille de Deutérie.

Aujourd'hui la rive droite est suivie par un quai magnifique, et il ne reste, témoins des temps écoulés, que les façades postérieures des maisons de la rue Neuve, quelques coins pittoresques de la rue des Rouyers et la tour Chaussée.

La tour Chaussée fut élevée par le magistrat Jean Wautrec. Elle remonte à la seconde partie du xive siècle. D'aspect imposant avec deux grosses tours jumelles, rondes, rattachées par un portique qui abrite le couloir et la chambre des herses, elle comprend trois étages et se termine par un couronnement à créneaux et mâchicoulis. Échantillon presque vierge de l'architecture militaire du moyen-âge, elle a été déflorée par un portail en plein-cintre surmonté d'un fronton d'ordre toscan qui dissimule l'ancienne porte ogivale, et qu'on lui a annexé en 1690. A cette date, le sol s'affaissa et l'on dut restaurer la moitié contiguë à la ruelle des Sergents; sauf l'innovation signalée, on a copié la moitié septentrionale demeurée telle qu'au xive siècle. En 1755 l'État l'obtint gratuitement de la ville et en fit jusqu'à 1860 une prison militaire; en compensation, la cité fut déchargée du paiement des gages du concierge et de l'entretien des anciennes prisons. L'État s'est trouvé de nos jours embarrassé de son acquisition; il l'a mise en vente et la ville, en 1899, a racheté ce qui logiquement lui appartenait pour la modique somme de 5.025 francs. Il y a une vingtaine d'années, le Génie trouva le porche trop étroit pour la circulation des troupes et voulut y percer une seconde ouverture. On parla même de renverser la tour; mais l'opinion publique s'émut et la tour demeura intacte. Cependant le pont-levis fut supprimé, et l'on creusa au nord dans le rempart une large voie. Enfin l'émotion se calma lorsqu'un arrêté du 21 mars 1881 classant la tour comme monument historique, en garantit la perpétuité.

LE CANAL DES MINIMES.

V
La Rive droite de la Meuse.
L'Hôtel de Ville. — La Place Manché.

Sur la rive droite de la Meuse, au sortir du pont Chaussée, un édifice d'apparence luxueuse, dont la façade gaiement éclairée se mire coquettement dans les eaux du fleuve. C'est le mess militaire, construit entièrement sur pilotis entre 1891 et 1893, et dont la décoration intérieure ne manque pas d'élégance malgré sa simplicité. Tout le quai de la République, qui porte encore depuis 1891 la nouvelle caisse d'épargne, contraste étrangement par son modernisme avec les parois de bois qui surplombent l'autre rive. Derrière le mess, le moulin Couten, mélange singulier du présent et du passé, avec sa vieille tour poudrée de blanc, son léger pavillon de briques qui complète le puty, poterne Sainte-Croix, ou poterne Sainte-Hélène, parce qu'elle donnait sur un lavoir public, la fontaine Sainte-Hélène. Cette poterne fortifiée se dresse telle qu'elle était il y a deux cents ans, adossée à une portion du vieux rempart dont les murailles garnies de meurtrières se poursuivent vers le Sud-Est jusqu'à la tour du Champ.

Le bras du Moson, dit canal Saint-Airy, a toujours été confisqué par les moulins : les moulins Couten s'appelaient Moulins-la-Ville, et les deux systèmes de roues employées uniquement à broyer le blé fonctionnaient dans la tour et le bâtiment adjacents ; un autre moulin, le Brocard, contigu aux précédents, était à cheval sur la sortie du canal des Minimes ou du Brachieul ; l'un et l'autre appartenaient à la cité. Le Brocard servait à quantité d'usages. En 1602, les armuriers recevaient le droit d'y installer une meule pour polir les armes ; on y voyait, en outre, un pilon à écorces pour les tanneurs et la foulerie à draps de la corporation des drapiers qui ne chômait pas encore à la veille de la Révolution. Ces usines entravaient la circulation des bateaux qui descendaient le canal Saint-Airy ; pour parer à cet inconvénient, on perça des arcades aux Moulins-la-Ville, mais on exigea des redevances des bateliers. A la fin du XVIIe siècle la taxe était de deux francs par bateau, et pour ce prix le meunier se chargeait lui-même de veiller au passage. Le 28 juin 1792, les Moulins-la-Ville et le Brocard étaient adjugés 54.500 livres.

Le Brachieul est coupé par le pont des Minimes, dont la rue conduit à l'église Saint-Sauveur, et au petit séminaire, autrefois couvent des Minimes. C'était primitivement une abbaye où vécurent vers le XIIe siècle quarante dames de l'ordre de Sainte-Madeleine. Mais la décadence survint si rapide qu'à la fin du XIVe siècle on n'y trouvait qu'une religieuse nommée Marguerite. Ce monastère fut dès lors rattaché à l'abbaye de Saint-Airy jusqu'au jour où l'abbé Sarion abandonna à l'évêque Psaume par traité passé en 1571 l'église et tout le monastère pour les moines de Saint-François de Paule, vulgairement appelés Minimes. Les Minimes établis à Verdun en 1575, jansénistes ardents, se dispersèrent petit à petit. Ils étaient dix au moment de la fondation, neuf en 1608, huit en 1611, cinq en 1613, dix en 1641, six en 1775 et quand on ferma le couvent le 25 mai 1790, deux religieux, le supérieur et un frère convers jouissaient en paix des revenus qui en 1789 s'étaient montés à 2.721 l. 12 s. 3 den., environ 6.000 francs. L'évêque Bousmard, successeur de Nicolas Psaume, avait posé le 4 octobre 1576 la première pierre d'un nouveau couvent. Rebâti presque entièrement en 1704, il fut mis aux enchères le 21 novembre 1791 en deux lots qui furent adjugés 11.400 et 3.700 livres. On le transforma en filature de coton rachetée l'an 1823 par M. d'Arbou qui en fit le petit séminaire. L'intérieur n'a été que peu modifié : ainsi le cloître à quatre côtés, dont les arcades étaient cintrées sans ornement, et les cellules qui sont devenues des dortoirs. L'église, dédiée à saint François de Paule le 13 mars 1580, réédifiée en 1714 dans le style renaissance, reçut en 1716 les restes de l'évêque Bousmard qui furent déposés dans le chœur sous une tombe de marbre noir, replacée depuis à l'entrée. Restaurée en 1830 l'église que l'on nommait Saint-Sauveur depuis l'époque révolutionnaire, présente, outre le portail sans caractère, qui s'élève entre deux tours carrées, une galerie à balustrade qui règne autour des murs, à hauteur du premier étage.

Ne quittons pas ce quartier sans rappeler les nombreux ateliers de tanneurs qui se succédaient à côté du Brocard, dont nous avons parlé précédemment, et qui bordaient le Brachieul ou canal des Minimes. Cette industrie était extrêmement lucrative et aussi florissante que celle de la draperie ; elle avait enrichi bon nombre de familles bourgeoises dans Verdun. Tous les ateliers s'étalaient sur la rive gauche dans la rue des Tanneries dont la physionomie n'a guère changé. En 1722 la tannerie, plus considérable à Verdun qu'à Metz, comptait au moins quarante ateliers administrés par vingt-quatre maîtres et trois jurés. En 1760 il n'y en avait plus que 12, et le nombre alla sans cesse en décroissant jusqu'au XIXe siècle.

La rue du Puty débouche sur la place Chevert, autrefois place Sainte-Croix, où la collégiale de Sainte-Croix, sans doute contemporaine de celle de la Madeleine, avait été fondée au commencement du XIe siècle, probablement par Amicus, princier de la cathédrale, qui y installa douze chanoines dotés sur sa fortune personnelle. L'église n'avait rien de bien attrayant par elle-même, mais dans le vestibule siégeait le tribunal ou échevinage municipal sous la présidence du premier magistrat de la ville, et dont les sentences étaient rendues conformément aux antiques coutumes de la cité. L'ensemble de cette sorte de Code prit le nom de coutumes de Sainte-Croix et s'appliqua jusqu'à la Révolution à tout le pays verdunois. Le nouvel évêque qui prenait possession de son siège épiscopal

Le Moulin-la-Ville (Moulin Couton).
Tanneries sur le Canal des Minimes.

s'arrêtait sur le portail de Sainte-Croix et jurait d'en respecter les usages. En 1552, après l'occupation des Trois-Évêchés, quand Charles-Quint se prépara à assiéger Metz, Sainte-Croix subit le sort de Saint-Paul et de Saint-Maur; les ingénieurs, déclarant que l'endroit leur était indispensable pour créer une place d'armes et mettre la ville de Verdun en état de défense, détruisirent l'église. Les chanoines de Sainte-Croix furent rattachés à la chapelle Saint-Laurent jusqu'en 1739. A cette date, sur la demande du maréchal de Belle-Isle, la chapelle Saint-Laurent fut remplacée par un corps de garde. Depuis lors, les chanoines de Sainte-Croix, qui n'étaient plus que six, délivrés de toute charge, n'eurent plus qu'à manger, sans le moindre souci, les rentes de leur prébende. La place Sainte-Croix ainsi déblayée, devint en 1581 la place du Marché du Vendredi pour s'appeler place Chevert depuis l'inauguration solennelle de la statue du héros verdunois le 1er mai 1837.

Au Sud de la place Sainte-Croix, le quartier Emmi-Ponts, Mi-Ponts ou Entre-les-Ponts parcouru depuis un long temps par la rue de l'Hôtel de Ville. A notre gauche l'hôtel des Trois-Maures qui figure dans nos annales, et dont le propriétaire, qui avait osé tolérer dans sa taverne l'usage de la viande les jours défendus, fut traduit en justice et condamné en 1637.

Une tradition, couramment acceptée dans Verdun, veut que l'Hôtel de Ville actuel ait été destiné à la reine Marie de Médicis. Ce palais, dont l'origine remonte à 1623, est dû à la magnificence de Nicolas Japin, entrepreneur des poudres de l'État. Lorsque Marillac devint gouverneur vers le milieu de l'année 1625, il eut naturellement par ses fonctions, des rapports avec Japin et peut-être l'entraîna-t-il dans le complot contre Richelieu qui échoua piteusement à la journée des Dupes en 1630. Peut-être Marie de Médicis, l'âme de la conspiration, qui s'enfuit de France en 1631, avait-elle un moment songé à se réfugier à Verdun où elle eût été fort mal en sûreté. Quant à Japin, il amassa une respectable fortune que ses descendants allèrent dépenser à Paris et aux environs d'Étampes où ils s'étaient fixés. La maison inoccupée fut louée par les magistrats pour servir de logement aux lieutenants du roi; elle fut ainsi la propriété en quelque sorte indirecte de la ville qui eût désiré l'acheter, mais qui ne le pouvait à cause du mauvais état de ses finances. Or, en 1736 elle appartenait à Mme Marie-Thérèse de Brisacier, veuve du marquis de Boudeville, cousine et héritière de l'abbé Japin, chanoine de la cathédrale, qui la vendit aux moines de Châtillon au grand regret de la municipalité. Mais comme les moines n'avaient demandé ni l'avis des magistrats, ni l'autorisation du roi, formalités imposées par l'arrêt de 1665 aux ecclésiastiques qui voudraient s'établir ou accroître leurs biens dans l'intérieur de Verdun, opposition fut formée au contrat devant le conseil d'État qui annula le marché le 25 février 1737, et le 18 novembre, la ville, qui se souciait peu de renouveler l'aventure, acquit l'immeuble au prix de 18.000 livres. Les officiers municipaux en firent leur Hôtel de Ville dont ils prirent possession en grande pompe le 6 février 1738.

Les archives furent versées dans une chambre proche de celle qui avait été choisie pour les délibérations; 50 hommes de la milice bourgeoise précédés de tambours y vinrent déposer leurs drapeaux encadrant les magistrats qui furent accueillis sur le seuil par une décharge de fauconneaux. M. Rouyer, alors maire de Verdun, dont le départ fut salué par une nouvelle salve, présida la séance d'ouverture : « Sur quoi Messieurs ont tenu leur séance et ont prié le maître-échevin d'agréer les remerciements très humbles qu'ils ont l'honneur de lui faire en leur particulier et au nom de la ville, du zèle avec lequel il s'est employé pour procurer à la ville ledit Hôtel de Ville, dont la beauté et la décoration fera distinguer cette ville de toutes les autres du royaume. »…. — « La décharge des fauconneaux sera réitérée ce soir avec illumination sur le grand balcon de devant, pour seconder la joie que tout le peuple manifeste et dont la ville retentit au sujet de l'acquisition de la maison et de l'établissement de l'Hôtel de Ville en icelle. »

L'Hôtel de Ville
(Façade sur le Jardin).

L'Hôtel de Ville constitue, en effet, un merveilleux modèle de l'art de la Renaissance, à l'époque de Louis XIII. Le corps principal et ses deux ailes, portés par un soubassement élevé, avec un rez-de-chaussée et un étage, entourent une cour séparée de la rue par trois arcades, dont un porche central, surmontées d'une terrasse avec balustrade. La façade postérieure et ses deux pavillons sont desservis par un long perron à rampe double auquel on accède par quatorze marches. Les fenêtres hautes et larges sont sobrement encadrées. Les frises et la corniche aux abondantes moulures sont soutenues par des consoles, que réunit un motif de fleurs et de fruits finement ciselés. Entre le rez-de-chaussée et le premier étage court une suite de cartouches enfermés dans une guirlande de fleurs et de draperies. Enfin, depuis l'incendie de 1894, qui a heureusement épargné l'extérieur, l'adjonction du fronton sculpté et du campanile a restitué au monument tout son caractère. A l'intérieur, un salon splendide, à cloisons mobiles, occupe presque tout le premier étage du bâtiment principal. C'est dans l'aile gauche que s'est déroulée la tragédie qui se dénoua par la mort du lieutenant-colonel Beaurepaire. La cour a été récemment ornée des quatre canons d'honneur décernés à la cité pour sa belle défense en 1870.

La rue de l'Hôtel de Ville se termine au pont du Brachieul, c'est-à-dire du petit bras qui de tout temps s'est détaché du Moson à l'écluse, autrefois Grille de Saint-Airy. Ce pont, pourtant bien étroit, fut en 1120 le théâtre d'un sérieux combat entre les bourgeois de Verdun et les troupes du voué Renaud, comte de Bar; Renaud furieux de rencontrer pareille résistance mit à feu et à sang les quartiers du Sud, brûlant les églises, dévastant les monastères. Emporté par les inondations de 1633, 1641, 1684 et surtout de 1740, où le niveau des eaux dépassa de 5 pieds le tablier, ce pont fut élargi en 1897. En amont se dresse au n° 76 de la rue de l'Hôtel de Ville une maison à encorbellement d'un bizarre effet, à pans de bois dissimulés sous une couche de mortier. Cette mode sans doute originale, mais qui présentait le grand inconvénient d'intercepter l'air et la lumière, n'était pas sans danger pour les passants, quand les matériaux ou la main-d'œuvre se trouvaient défectueux. Elle fut flanquée jusqu'au mois d'août 1671 d'une tourelle double, crénelée, qui commandait l'entrée du pont. Le Brachieul rejoint le canal des Minimes après avoir décrit un angle très ouvert; au sommet de cet angle, jusque vers 1737, une petite grille par où s'écoulait une partie des eaux du Preillon qui augmentait ainsi le débit du Brachieul.

Si nous nous dirigeons vers Saint-Victor, nous rencontrons à droite l'hôpital Sainte-Catherine, et à gauche la Congrégration.

Sur l'ancienne voie romaine qui reliait Verdun à Metz fut établi, de très bonne heure, un hospice dit de Saint-Sauveur, mentionné déjà dans une charte de 1093. Il n'est pas impossible, mais on n'a nullement prouvé que son origine remonte au vi° siècle et qu'il ait été fondé par saint Airy lui-même dans sa maison paternelle. Qu'il ait pris naissance dans l'aumônerie de l'abbaye Saint-Airy dont nous parlerons plus bas, c'est une opinion qu'il faut rejeter, car l'hôpital était plus âgé que l'abbaye. Très malmené lors de la guerre de Renaud de Bar contre les bourgeois de Verdun, il ne se remit que péniblement de ses épreuves et paraît avoir été réorganisé en 1213, époque où il reconnut Saint-Nicolas de Gravière comme maison maîtresse. A ce moment, l'hôpital s'étendait à l'Ouest jusqu'aux remparts de la cité que dépassaient les jardins; quelques fragments de ces remparts se voient encore aujourd'hui dans l'enceinte de la maison. Le personnel des frères et des sœurs vivait rigoureusement séparé et ne se réunissait que lors des exercices religieux ou des assemblées du Chapitre; interdiction absolue de se fréquenter; abstinences multiples en dehors des temps de l'Avent et du Carême. Chaque semaine, séance plénière du Chapitre où les frères et les sœurs devaient s'accuser publiquement des fautes commises et où les âmes charitables pouvaient secourir les défaillances de mémoire; mais on devait garder le plus absolu secret. Parfois le frère ou la sœur économe communiquait un état des recettes et des dépenses aux administrateurs nommés par l'évêque, le clergé et les magistrats de la cité. L'évêque, M. de Béthune, qui légua par testament une moitié de sa fortune à l'hôpital, avait confié l'économat aux religieuses de Saint-Charles de Nancy.

A partir de 1724 on y entretint 300 pauvres mais dont les plus valides étaient obligés de travailler. Aujourd'hui les anciens bâtiments ont fait place à des constructions plus modernes. L'hospice avait une chapelle; de la première moitié du XIV° siècle, à en

CHAPELLE DE L'HOSPICE
SAINTE-CATHERINE.

juger par le style, elle fut mutilée d'abord en 1672, lorsqu'on la coupa à une certaine hauteur pour le plaisir d'y ménager un grenier supplémentaire. Puis, en 1739, on enleva la toiture et on démolit les murs collatéraux; enfin, en 1753, on la coiffa du clocher actuel. Parmi les chapelles, celle de Sainte-Catherine a donné son nom à l'établissement. Les seuls vestiges de l'église sont le portail et une portion de la façade orientale, d'une exécution assez soignée, assez gracieuse pour faire regretter la disparition du reste.

L'église Saint-Sauveur était voisine de l'hospice Sainte-Catherine. Jusqu'à la fin du xie siècle, les fidèles allaient aux offices dans le sanctuaire Saint-André et Saint-Martin, au delà du Moson. Lorsqu'on eut édifié sur son emplacement l'abbaye Saint-Airy, pour assurer le service religieux des paroissiens, l'évêque Thierry fit construire en 1089 une autre église, en l'honneur du Dieu sauveur des hommes. Consacrée le 2 avril par Henry, évêque de Liége, alors qu'elle était à peine commencée, elle fut achevée en 1093 par l'évêque Richer. « Elle est bâtie, dit la charte de 1093 citée plus haut, entre deux ponts de pierres de la Meuse (1), le long de la voie publique qui traverse la ville et près de la porte de l'église et de la maison de pierre où sont soignés les malades. » C'est pour cette raison que l'hôpital prit tout d'abord le nom de l'église. L'église était lourde et basse, avec trois nefs romanes, de petites fenêtres en plein-cintre au-dessus des bas-côtés, un grand portail à l'Ouest où l'on descendait par trois marches, un petit portail au Sud, le chœur à l'Orient contre la rue dont il n'était séparé que par le cimetière paroissial. Elle fut vendue en 1794 et les offices transférés à l'église des Minimes qui prit son nom. Donnée à l'hospice par M. Benoit-Devaux, elle fut rasée par ordre des administrateurs, car elle gênait singulièrement leur établissement; c'est aujourd'hui un spacieux jardin.

En face, le couvent de la congrégation Notre-Dame, confrérie instituée l'an 1598 par le curé de Mattaincourt, Pierre Fourrier, qui envoyait en 1608 à Verdun la mère Claude Chauvenel et deux autres religieuses. En 1620, l'évêque Charles de Lorraine conférait l'habit à dix filles qui avaient demandé à entrer dans l'ordre. Ainsi fut créée à Verdun la congrégation dont les sœurs, outre les vœux communs aux autres religieuses, s'offraient à instruire gratuitement la jeunesse de leur sexe. La congrégation prospéra merveilleusement : en 1635 il y avait cinq religieuses, cinquante en 1668. Dom Cajot affirme qu'en 1775 la maison habitait soixante-treize personnes, et lorsque les commissaires se présentèrent pour notifier l'arrêté de suppression, l'on y comptait encore quarante chanoinesses et dix converses. Cela ne doit pas étonner quand on connaît les ressources de la Communauté. En 1789 les biens étaient affermés 12.390 l., les recettes se montaient à 21.660 l. et le revenu net, déduction faite des charges, atteignait 9.496 l. (plus de 20.000 francs). L'église occupait la droite du monastère ; restaurée de 1702 à 1707 et calquée en quelque sorte sur le Val-de-Grâce, on l'avait orientée de façon à ce qu'elle présentât sur la rue sa façade corinthienne; l'intérieur, de même style, portait à l'intersection de la nef et du transept un dôme terminé par un campanile et dont les peintures avaient été exécutées par un artiste verdunois, Joseph Christophe. Sous ce dôme, l'autel surmonté d'un baldaquin à colonnes de marbre. Ce domaine fut mis en vente le 30 mai 1795 et adjugé en plusieurs lots : l'église, le jardin et une partie du cimetière furent payés 180.000 livres en assignats par le citoyen Delorme qui s'empressa de culbuter la majeure partie de l'église quand il apprit que la ville voulait la lui acheter pour remplacer l'antique et peu confortable Saint-Sauveur. En 1839, l'évêque M. Letourneur installa des religieuses de Notre-Dame de Versailles dans les nouvelles constructions dont il s'était rendu acquéreur. Le cloître,

---

(1) Les ponts du Brachieul et Saint-Airy.

la chapelle et la plupart des dépendances ont été réaménagés de 1841 à 1843. La chapelle, qui est décorée de fraîches peintures, reproduit assez bien l'aspect général de l'ancienne église dont la façade conservée borde actuellement la rue.

VESTIGES DU COUVENT DES RÉCOLLETS.

De la rue Saint-Sauveur, la rue des Bateliers, débarcadère des bateaux qui empruntaient le cours du canal au XVIe siècle, nous conduit sur la place Marché, dont la dénomination est significative. La place Marché s'appelle sur le plan de 1745 annexé à l'histoire du chanoine Roussel, place de Justice ou du Marché à bétail. Avec sa vaste maison, sorte de halle, surnommée le Couvre-Richesse, ses piliers que les magistrats louaient aux boutiquiers, son autel à croix de pierre élevé de trois ou quatre degrés et servant de reposoir aux processions de la Fête-Dieu, c'était un lieu très fréquenté du peuple, surtout quand MM. de l'officialité et de la justice séculière lui offraient en spectacle le supplice toujours attrayant de malheureux sorciers. C'est ainsi qu'au mois de mars 1577 plusieurs sorciers furent condamnés au feu et exécutés; de même en 1583; il y en eut deux en 1584, dont une certaine Simonne Levauldois étranglée et brûlée pour crime de sorcellerie commis à Fleury. Le dernier supplice de ce genre fut ordonné en novembre 1606. — A l'Est, l'hôpital militaire ou hôpital Saint-Louis, dont l'installation remontait à 1689, lorsque les administrateurs de Sainte-Catherine achetèrent pour 4.800 l., à M. du Hautoy, son hôtel situé place Marché et y soignèrent les soldats que le roi voulait hospitaliser à Sainte-Catherine. Mais tandis que la garnison fournissait de 150 à 250 malades d'ordinaire, l'hôpital ne pouvait contenir que 134 lits; il était en outre mal distribué et fort humide au rez de-chaussée, aussi fut-il supprimé en 1799, et le service transporté à Saint-Hippolyte, dans le faubourg du Pré. Au Nord, la place Marché se termine par l'impasse du Kougai, appelée en 1570 le Cugnet de Saint-Antoine, c'est-à-dire le cognet ou recoin de Saint-Antoine, et se continue à l'Ouest par la rue des Récollets.

Cette rue tire son nom du couvent des Récollets qui fut édifié à l'angle Nord-Est, proche du Brachieul. Les frères mineurs mendiants, dits Franciscains parce que leur fondateur fut saint François d'Assise, ou Cordeliers parce qu'ils se ceignaient les reins d'une corde, avaient été amenés à Verdun par une rivalité de familles. Comme les nobles du lignage d'Azannes avaient installé dans la cité d'autres frères mendiants, les Dominicains, les La Porte s'empressèrent d'appeler les Mineurs dès 1222, du vivant de saint François; ils leur octroyèrent une petite chapelle dite de Saint-Lambert et un terrain considérable laissé libre par le formidable incendie de 1217. Les Mineurs purent y établir à leur aise une église, un couvent, un cloître, et même un grand jardin baigné par les eaux du Brachieul et du canal des Minimes, le tout bien entendu grâce aux copieuses subventions du lignage de La Porte. Leur cloître, construit en 1383 par Simon La Porte, était orné à l'un des angles de la statue du bienfaiteur suivie d'une épitaphe en vers latins. Il servait non seulement à la prière et aux promenades des moines, mais on l'ouvrait volontiers aux bourgeois, et l'on y tint souvent les assemblées du lignage ou des réunions où l'on discutait les affaires de la cité. Tout alla bien pendant quelque temps; les Mineurs étaient aimés à Verdun parce qu'ils tenaient tête à l'évêque et qu'ils continuaient à célébrer les offices et à administrer les sacrements quand l'évêque mettait la ville en interdit. Mais avec l'opulence survinrent les désordres, le relâchement des mœurs. Vers la fin du xvie siècle, l'anarchie régnait chez les Cordeliers. En 1602 le général, qui se trouvait à Paris, ému des plaintes formulées contre eux, envoya à Verdun dix Récollets, c'était une variété de l'espèce, dirigés par le père Jean de la Haye, avec mission expresse d'opérer une réforme et de l'imposer aux Mineurs. Ceux-ci le prirent très mal, refusèrent d'obéir et se retirèrent emportant titres, archives, mobilier; ils dégarnirent même l'église. En 1775 il y avait aux Récollets neuf prêtres, trois frères et un valet.

Les Récollets devaient accompagner les troupes en temps de guerre et offrir les secours de la religion à ceux qui tombaient; c'étaient de véritables aumôniers militaires auxquels le pape Innocent XI avait permis en 1685 de monter à cheval; il les avait dispensés d'autre part de certaines règles difficiles à observer en compagnie de gens de guerre.

Les commissaires pénétrèrent dans le couvent pour le séquestrer le 21 mai 1790, mais l'église ne fut fermée que le 30 novembre 1791. De style ogival et de proportions remarquables avec ses trois nefs, ses grandes fenêtres, ses vitraux peints et son chevet carré, elle était presque entièrement tapissée d'épitaphes et de monuments funèbres des familles nobles de Verdun, surtout de la branche des La Porte ; elle disparut ainsi que le cloître à l'époque de la Révolution, tandis qu'une partie des bâtiments était épargnée. On a gravé sur le pignon Nord d'une massive maison, au n° 1 de la rue des Récollets, une inscription qui indique le niveau atteint lors de l'inondation de 1740 par les eaux qui dépassèrent le maître autel de l'église : cette inscription se lit à environ 2^m,50 au-dessus du sol exhaussé en cet endroit.

VI

Le Quartier Saint-Victor,
La Digue,
Le Faubourg du Pré.

PONT SAINT-PIERRE.

Nous quittons la place Marché par le pont Saint-Pierre, qui a gardé quelque saveur moyen-âgeuse, et nous pénétrons dans le quartier Saint-Victor, séparé de la ville par le Canal Saint-Airy.

Le Canal Saint-Airy, autrefois Moson, bras principal de la Meuse, se glissait en ville par la grille Saint-Airy qui s'ouvrait aux bateaux. Il était traversé par le pont de la Poterne, actuellement pont Saint-Airy qu'on dut élargir au commencement du XVIIIe siècle car il était à peine franchissable pour un homme à cheval. Les voitures, pour gagner Saint-Victor, devaient suivre la rue des Bateliers et le pont Saint-Pierre. En aval de ce pont, un moulin barre le canal. L'abbaye Saint-Airy en jeta les fondements dès le XIe siècle pour le rattacher à celui qu'elle acheta sur l'autre rive dans la deuxième moitié du XIIIe siècle. Vers la fin du XIVe siècle, celui de gauche servit de papeterie, et par acte du 15 novembre 1479, la ville, moyennant certaines obligations, prenait possession des moulins que lui cédait l'abbé Remiet. La papeterie, louée à cens perpétuel, fonctionna pendant tout le XVIe siècle pour devenir, en 1600, moulin à poudre. La ville eut beau s'opposer à la transformation, le fermier passa outre et traita avec Jacques Durochet, commissaire des poudres et salpêtres de Metz, Toul et Verdun. L'usine subsista jusqu'au jour où elle sauta dans une épouvantable explosion (1727). Il arrivait souvent de priver d'eau le moulin de droite pour activer la production de la poudre, comme cela se fit à l'époque du sieur Japin, quand il fabriquait la poudre nécessaire au siège de La Mothe. La ville conserva ses moulins jusqu'à la fin du xviii° siècle, et le 28 juin 1792, ils furent mis en vente et adjugés 31.000 l. au citoyen Devaux, marchand. Le moulin Saint-Airy, de même que les moulins de la ville gênaient singulièrement, à cause de leur situation, les transports par eau ; aussi dut on y ménager le « trou aux bateaux », et, en 1612, sur les instances du duc de Lorraine qui désirait accroître le commerce de batellerie dans ses États, la municipalité de Verdun ordonna l'arrangement du canal Saint-Airy. L'ordre fut exécuté, mais en revanche le meunier de Saint-Airy et le locataire du moulin à poudre prélevèrent un droit qui fut d'abord de 8 gros, c'est-à-dire de 10 sous, pour se monter plus tard à 1 franc environ.

Les eaux qui tombent du déversoir se partagent toujours en deux bras dont la direction ne s'est pas modifiée et qui se réunissent au sortir des grands moulins

L'ÉCLUSE SAINT-AIRY.

Couten : à l'Ouest le canal des Minimes qui rejoint le Brachieul, à l'Est le canal Saint-Airy.

Le quai Saint-Maurice, aujourd'hui planté d'arbres, portait jusqu'à la Révolution une pauvre église, la petite Saint-Pierre, par opposition à la grande Saint-Pierre, Saint-Pierre l'Angelé. On l'appelait encore Saint-Pierre le Chéri, ou le Chéré, abréviation de Chevril, Chevrier sans doute parce qu'elle occupait un terrain broussailleux où l'on menait paître les chèvres. Bâtie par les Bénédictins de Saint-Mihiel qui avaient une part dans les dîmes de Saint-Victor et qui, en vertu des canons, avaient dû consacrer un sanctuaire dans la région qu'ils dîmaient, elle était étroite, basse, de forme irrégulière, le chœur à l'Est, le portail à l'Ouest de la rue Saint-Victor, entourée d'un cimetière que bordait le canal. La petite Saint-Pierre tomba après 1790 ; le presbytère, acheté par la ville en 1840, sert de salle d'asile.

A gauche de la rue Saint-Victor, vers le milieu de la montée, le couvent des Clarisses. Le 23 août 1292, Jacques de Revigny évêque de Verdun et Thomas de Blâmont prieur de la cathédrale, accordèrent l'autorisation d'instituer un monastère et une église non loin de Saint-Victor, à quatre femmes de Verdun, Colette Aquille et sa fille Françoise, Agathe et Marguerite Grainder qui voulaient vivre en commun. L'année suivante, elles furent affiliées aux Cordeliers et se cloîtrèrent comme les sœurs de Sainte-Claire de Metz dont trois religieuses professes vinrent à Verdun pour diriger le noviciat. De là le nom de Clarisses qui fut donné à la communauté; on les appelait encore les sœurs Colettes parce que Colette Aquille en avait été l'instigatrice. En 1775, elles étaient 20 sœurs, 5 converses, 2 servantes et le 17 janvier 1791, lors de la suppression, on comptait 16 religieuses, 3 converses et 4 sœurs choristes. Leurs biens, terres et prairies, étaient dispersés sur plus de 20 communes, entre autres à Azannes, Billy, Bras, Dombras, Eix, Fresnes, Aulnois, Glorieux, Haudainville, Manheulles. Le couvent fut vendu en trois lots, le 30 mai 1795, et la vente atteignit le chiffre de 117.200 l. en assignats. L'église fut démolie en 1796. Située dans la première cour, proche de la rue, elle n'avait aucun caractère architectural; on y admirait une magnifique boiserie qui ornait le pourtour de la nef et décorait le chœur. Le presbytère de Saint-Victor a été établi dans les débris du couvent.

A l'extrémité de la rue, au sommet de la rampe, l'église de Saint-Victor. Dédiée à saint Maurice et à saint Victor, avec un seul bas-côté à droite, cette église, qui date du xive siècle et qui appartient au style ogival, n'offre aucun détail digne d'intérêt. Pendant la Révolution, les ponts et chaussées l'utilisèrent comme magasin, puis elle fut restituée au culte et en 1840 on restaura le portail et le clocher. Elle renferme une statue de la Vierge qui figura longtemps sur la façade extérieure de la porte Saint-Victor; lorsqu'on détruisit la porte en 1685, cette statue, qui a son histoire, fut placée dans une chapelle de l'église Saint-Victor, disparut pendant la Révolution, puis fut reportée en grande pompe sur son autel en 1807. Mais laissons la parole à Dom Cajot : « Le peuple y révère une statue de la Vierge qui, dit-on, inclina la tête pour recevoir les clefs de la ville que les magistrats lui présentèrent la nuit du 2 au 3 septembre 1562, afin d'écarter par son intercession l'armée des Huguenots, qui préméditaient d'assaillir Verdun du côté de la porte Saint-Victor. La vérité est que l'irruption se fit derrière l'abbaye de Saint-Vannes. On y montrait encore, vers le milieu du siècle dernier, les échelles des Calvinistes, que le procureur du monastère avait converties en ratelier... De plus, les conclusions capitulaires de la cathédrale arrêtent l'an 1584 qu'il se fera comme de coutume, à Saint-Vannes, une procession générale le 3 septembre, en vue de remercier Dieu et la Sainte Vierge de la manière miraculeuse dont cette ville a été délivrée de l'entreprise nocturne des hérétiques. Ils ne venaient pas du côté de l'Allemagne, ainsi que l'a cru l'abbé Roussel,.... ils venaient de France et pour attaquer Verdun il eut fallu passer la rivière de la Meuse.... Les mêmes conclusions capitulaires attestent que durant les quarante premières années qui ont suivi la fuite des Huguenots, on allait processionnellement le 3 septembre à Saint-Vannes.... On a changé cet usage depuis la construction de la citadelle, et tantôt le clergé a fait une procession à l'entour du cloître, tantôt aux frères prêcheurs ou chez les Franciscains. Nous continuerons donc d'invoquer la Sainte Vierge à titre de protectrice, et nous abandonnerons à la crédulité des peuples les circonstances fabuleuses dont ils aiment à se repaître. »

A signaler dans la rue voisine d'Ozomont, deux frontons surmontés de grossières sculptures du XIV° siècle. Suivant l'abbé Cloüet, Ozomont signifie le Mont des oisifs (*otiosus mons*) et s'applique à une sorte de bosquet où l'on venait chercher le repos. Selon M. de Labaut, dont les déductions sont parfois bien hardies, Ozomont est l'équivalent de Au som mont, c'est-à-dire au sommet du Mont. Aux érudits de conclure !

Tout le nord-ouest du quartier Saint-Victor, entre le quai Saint-Airy

Rue Saint-Victor.

et le rempart, fut, jusqu'à la fin du XVIII° siècle, la propriété de l'abbaye Saint-Airy. Nous n'avons nullement l'intention de narrer par le menu les faits et gestes de l'évêque saint Airy, qui s'assit au VI° siècle sur le siège épiscopal de Verdun ; qu'il nous suffise de dire qu'il fut très mêlé aux événements politiques de son temps, aux luttes entre l'Ostrasie et la Neustrie ; c'était un ami de Grégoire de Tours, et il eut la bonne fortune d'offrir l'hospitalité au poète Fortunat. La légende raconte qu'il reçut la visite du roi Childebert, et qu'à cette occasion, « il régala toute sa suite avec le secours de la multiplication miraculeuse du peu de vin qu'il avait » (abbé Roussel), ce qui n'était certainement pas fait pour déplaire aux Francs. Saint Airy consacra, dans la maison qu'il habita en cet endroit pendant les dernières années de sa vie, où il mourut, où il fut inhumé, un oratoire à saint André, plus tard Saint-Martin. Des clercs y officièrent jusque vers 971. A cette date, l'évêque Wicfrid rattacha les clercs à l'église cathédrale, et joignit le revenu de Saint-Martin à ceux de la nouvelle abbaye Saint-Paul. En 1037, l'évêque Raimbert reprit à Saint-Paul les revenus de Saint-Martin et érigea l'ancien oratoire en abbaye. On exhuma le corps de saint Airy, et l'abbé du monastère de Saint-Maximin de Trèves expédia, à la prière de Raimbert, huit religieux pour commencer l'établissement de l'abbaye Saint-Airy. Le monastère vécut doucement jusqu'en 1790. Le jour où il fut évacué, le personnel se composait de neuf prêtres, un frère et sept valets (10 octobre 1790). Toutes les dépendances de la maison furent mises en vente le 30 mai 1795 : elles furent divisées en sept lots qui produisirent un total de 192.400 livres en assignats; l'église fut immédiatement rasée. Celle du xie siècle avait été abattue, parce qu'elle se trouvait sur la ligne des remparts. Relevée avec une partie du cloître au xviie siècle, dans le style de la Renaissance, elle prenait accès vers le Nord par un portail principal que dominait la statue équestre de saint Martin, se composait de trois nefs séparées par des piliers carrés et se terminait par un clocher à flèche élancée. A l'intérieur, sur l'autel, un riche baldaquin à colonnes. La grosse cloche de Saint-Sauveur faisait partie de la sonnerie de Saint-Airy dont les cloches donnaient toutes les notes de la gamme.

Si nous franchissons le canal Saint-Airy par le pont jeté en 1670 et qui remplace la Grille du xvie siècle, nous débouchons sur la Digue que relie au quai Saint-Airy un chemin créé par l'autorité militaire en 1835. Nous savons déjà que ces terrains situés entre le Brachieul et le Preillon dépendaient en partie de l'hôpital Sainte-Catherine. Le Preillon y divaguait à son aise, formant plusieurs îles, avant de mêler, par la petite Grille, une partie de ses eaux à celles du Brachieul. Son cours constituait un sérieux danger pour la ville basse qu'il dévastait en temps de crue. Aussi, dès 1737, une chaussée large de trente à quarante pieds, œuvre de l'ingénieur en chef, M. de Gourdon, et usurpée sur le jardin de l'hôpital, formait une barrière déjà respectable. Un débat très vif à ce sujet s'engagea entre l'ingénieur et les administrateurs de l'hospice. M. de Gourdon prétendit que l'emplacement appartenait au roi; les administrateurs ripostèrent en présentant leurs titres d'acquisition; ils s'adressèrent, mais sans succès, au gouverneur des Trois-Évêchés, le comte de Belle-Isle, qui donna gain de cause à M. de Gourdon. L'État, qui était le plus fort, maintint son usurpation en s'appuyant d'ailleurs sur des considérants fort plausibles : « Attendu, déclara-t-il, qu'il était le seul accès du rempart qui était au delà, et, comme tel, nécessaire au service de la place. » Le public y trouva de suite une promenade agréable, et ne se fit pas faute d'en jouir. Après le formidable débordement de 1740, on reconnut que la chaussée était un obstacle insuffisant; le génie l'élargit alors, l'exhaussa, et un officier, M. Catoire, y fit planter une double rangée de saules. Ainsi se forma la Digue.

Entre les années 1878 et 1880, la ville, à qui le génie l'avait remise, acheta une portion des jardins de l'hôpital, la combla, y multiplia les arbres, ménagea des massifs de verdure, édifia un kiosque, et lui imprima sa gracieuse physionomie. Bornée au Sud par la masse touffue du rempart, piquée çà et là de parterres qui en rompent la monotomie, contournée par la Meuse qui s'échappe en mugissant des arcades percées sous l'usine militaire d'électricité, la Digue, malgré ses proportions plutôt exiguës, reste, avec raison, le coin préféré de tout bon Verdunois.

Le Pont-Neuf, dont le nom très significatif indique la construction relativement récente n'existait pas, en effet, au début du xviie siècle. Terminé en 1690, il faisait communiquer, avec les Ponts des Augustins et Saint-Amand, les différents quartiers de la ville et le faubourg du Pré, né d'hier, et où s'achèvera notre excursion. Enfermé entre le bras Saint-Vannes au Nord, le Preillon à l'Est et la Rousselette à l'Ouest, le Pré était à la merci des désastres par son peu d'élévation et la hauteur des eaux que maintenait à un niveau redoutable le barrage des moulins de la Madeleine et de Saint-Maur. Une abbaye, l'abbaye Saint-Nicolas s'y était établie au XIIIe siècle, et, petit à petit, les habitations s'étaient groupées autour de l'abbaye.

L'Usine militaire d'Électricité.

Des gens de Haute-Escance et du Ban Saint-Vannes, expulsés par Marillac, s'y étaient réfugiés; mais malgré cela, le peuplement se faisait lentement, et Dom Cajot écrivait, dans la seconde moitié du XVIIIe siècle : « On croyait au XVIe siècle le quartier Saint-Nicolas si peu fait pour être fréquenté, que le peuple appelait dérisoirement la folie Wassebourg, un petit pavillon que cet archidiacre y avait construit..... Ce n'est qu'en 1736 que l'on a conçu l'idée d'alligner quelques maisons au faubourg du Pré : j'ai vu croître l'herbe près du Pont-Neuf. » Outre la folie Wassebourg, on qualifiait indistinctement de folies toutes les maisonnettes qui s'y rencontraient, non pas seulement parce qu'il était ridicule de bâtir dans une région aussi peu sûre, mais parce que ces maisonnettes n'étaient pas, tant s'en faut, des retraites destinées aux pratiques vertueuses. Tous ces chalets, cachés dans les jardins, devenaient à l'occasion de joyeux vide-bouteilles où les bourgeois se déridaient en légère compagnie. La police fut parfois obligée d'intervenir, et, en 1674, il fut défendu, « sous peine de 100 livres d'amende, aux habitants du faubourg du Pré de tenir dans leurs propriétés des jeux de quilles, de cartes et de roues de fortune ». A la suite des travaux entrepris en 1673 et qui eurent pour résultat d'étendre le périmètre des fortifications et d'y enclore le faubourg du Pré, on ordonna en 1674 aux habitants de construire dans les jardins et les places vides qui attenaient à leur maison. On y traça des rues, des places, et le roi décida qu'on n'indemniserait, parmi les bourgeois qu'on avait dû exproprier, que ceux qui se fixeraient dans le Pré; la plupart furent obligés d'y renoncer faute de ressources, et, vers la fin du siècle, il n'y avait encore qu'une seule rue qui correspondait à peu près à la rue Saint-Louis. et qui unissait le pont des Augustins et les terrains de l'abbaye Saint-Nicolas; un sentier se dirigeait vers le pont Saint-Amand. Sur le plan de 1745 figurent la rue Saint-Louis, la rue de la Rivière à peu près complète, avec une section seulement de la rue du Pont-Neuf.

A droite du Pont-Neuf, l'hôpital Saint-Hippolyte dû surtout aux largesses de l'évêque de Verdun, Hippolyte de Béthune, qui le 6 mai 1716 délibérait avec Jean Payen, archidiacre et théologal, Nicolas Bricart, chantre, Antoine Malassagne, Samuel de Viélennes, écolâtre, et Nicolas Cabillot, tous chanoines de la cathédrale, à l'effet d'installer un nouvel hôpital « pour le soulagement des pauvres malades de la ville et du diocèse. » M. de Béthune devait payer à partir du 1er janvier 1717 une rente de 300 l., M. Payen donnait 1.000 l. plus une rente de 50 l., M. Malassagne un contrat de rente de 4.000 l. et M. de Viélennes deux obligations montant à 2.900 l. Cette première mise de fonds servit à l'achat, près du Pont-Neuf, de la maison de la veuve Nicolas Mansuy qui contenait six chambres de soldats, de celle du chirurgien François Mansuy, des jardins de Jeandin et de Nicolas Bricart, et l'on acquit immédiatement le mobilier nécessaire pour garnir six lits. Tels furent les débuts de l'hôpital Saint-Hippolyte, enrichi depuis par des dotations particulières et par le testament de M. de Béthune qui lui laissa la moitié de sa fortune. Il servit en partie d'hôpital militaire de 1799 à 1808. On a perpétué la mémoire du fondateur par des lettres de fer que l'on a appliquées sur la façade : H. D. B. E. E. C. D. V. Hippolyte De Béthune, Évêque Et Comte De Verdun.

Remarquons dans la rue de la Rivière le modeste temple destiné aux offices de la religion réformée, et réédifié très simplement dans le style roman, en 1888. L'intérieur, à une seule nef, est décoré d'un plafond lambrissé et d'une charpente moulurée.

A l'extrémité de la rue du Pont-Neuf, achevée et pavée en 1753, l'hôpital et les casernes Saint-Nicolas.

L'hôpital a hérité des bâtiments de l'ancienne abbaye Saint-Nicolas, instituée en 1219 par Jean d'Apremont, évêque de Verdun, qui fit venir de Paris des chanoines réguliers de Saint-Victor et leur assigna une partie des biens de l'évêché situés au Pré. Ces chanoines, disciples du fameux Guillaume de Champeaux et de Pierre Lombard, jouissaient d'une réputation de science considérable. Leur première maison fut bien médiocre, et leurs revenus bien minces; bientôt de nouvelles libéralités leur permirent d'instituer un monastère et une église qu'ils placèrent sous l'invocation de saint Nicolas, suivant leur coutume. Ils ouvrirent immédiatement une école où l'on professa la théologie, la philosophie, les mathématiques. Mais à la fin du xvie siècle les traditions de ferveur n'existaient plus à Saint-Nicolas qu'à l'état de vague souvenir. Vers 1700 on restaura presque complètement l'abbaye et lors de la suppression, en mai 1790, on y comptait encore six religieux. Saint-Nicolas devint en 1807 un hôpital, quand l'administration des hospices obtint d'échanger l'ancien hôtel du Hautoy, place Marché, contre l'abbaye Saint-Nicolas où l'on transporta les soldats malades. De récents agrandissements, outre ceux de 1844, qui ont permis de recevoir les pauvres soignés à Saint-Hippolyte, complètent très heureusement Saint-Nicolas. L'église a été partagée en deux étages et transformée en salles. A l'intérieur deux chapelles, celle de Saint-André où l'on célébrait l'office paroissial et celle de Saint-Hubert où l'on admirait une statuette du saint, en argent doré, donnée par Colin Ragnon autrefois maître-échevin de la cité : elle portait au cou un cor de chasse où l'on conservait précieusement un fragment de l'étole, remède souverain contre la rage. Tous les ans au XVIe siècle, la municipalité célébrait avec un éclat extraordinaire la fête de Saint-Hubert. La veille, le sénat allait solennellement à la chasse, escorté des trois corps, archers, arbalétriers et couleuvriniers, de la milice bourgeoise. Le lendemain tous les fonctionnaires et les officiers municipaux assistaient en grande

Le Pont Neuf.

pompe aux offices à Saint-Nicolas du Pré et se réunissaient ensuite dans un banquet gras dont la cité faisait les frais. Le vendredi suivant on rééditait le banquet, mais en maigre, et offert par les pêcheurs, qu'on dénommait le banquet en poisson où le poisson du vendredi. En 1612 on supprima les banquets que l'on trouvait trop onéreux, mais on ne cessa pas pour cela de fêter la Saint-Hubert.

    La construction des casernes de cavalerie dites de Saint-Nicolas, aujourd'hui d'Anthouard, dont les plans furent dressés par M. de Gourdon, fut adjugée le 28 février 1732 à Nicolas Henry l'entrepreneur des casernes Saint-Paul. On érigea d'abord l'aile qui longe le rempart; elle fut terminée en 1734 et coûta 141.380 l. 17 s. 3 den., puis le pavillon du fond terminé en 1740 et dont la dépense atteignit 102.586 l. 7 s. 3 d., et l'on canalisa les eaux. On travaillait à la seconde aile quand l'inondation de 1740 jeta la désolation dans la ville basse. La cité fut autorisée à suspendre les travaux des casernes pour réparer les dégâts causés par le débordement; l'interruption dura 23 ans, jusqu'au jour où il fallut se remettre à la besogne sur les sommations de l'intendant (1763); le sieur Meury, successeur de Nicolas Henry livra, en 1770, à l'administration de la guerre les locaux achevés en 1766. Dans le devis primitif on devait fermer la cour du côté du Nord par un quatrième bâtiment, semblable aux autres, mais pour des raisons d'hygiène on y substitua deux pavillons plus élevés d'un étage et séparés par un mur. On avait en outre projeté de paver la cour et d'annexer une caserne d'infanterie, mais en 1772 on régularisa le lit de la Meuse, opération qui se prolongea jusqu'en 1786; puis dès 1788 la première aile exigeait des réparations, enfin 1789 sonna, qui changea pour longtemps le cours des idées.

Mentionnons en passant le magasin aux vivres et aux fourrages, au Sud-Ouest de la rue de la Rivière, non loin du Préillon, que le roi paya de ses deniers (1783-1785) et aux numéros 7, 9 et 11 de la rue Saint-Louis, l'habitation achetée en 1697 par une association de Dames de Verdun, réunies dans un but de bienfaisance en une confrérie dénommée la Charité. Réaménagé pendant les années 1786, 1787, 1788, grâce surtout aux libéralités de l'évêque Desnos qui y dépensa pour sa part la respectable somme de 130.000 l., ce lieu de retraite s'est transformé en une demeure d'aspect très confortable.

LA PORTE CHAUSSÉE AU MOYEN AGE.

VII

L'Enceinte de la Cité.

L'Enceinte qui entourait Verdun a subi elle-même de sérieuses modifications pendant les trois derniers siècles. Au point de vue de la défense, Verdun se composait de deux villes séparées par la Meuse, auxquelles on adjoignit plus tard le Pré, la ville haute sur la gauche avec sa ceinture particulière, et, sur la droite, la ville basse et Saint-Victor. Cette enceinte était formée de murailles crénelées, flanquées çà et là de tours et appuyées par endroits sur les bras de la rivière. Certaines des tours étaient terrassées de façon à pouvoir supporter des canons. Les murailles, avant le xviie siècle, avaient de 1^m,30 à 1^m,60 de large dans la ville basse, tandis que dans la ville haute de récentes fouilles ont mis à nu des fondations dont l'épaisseur varie de 2 mètres à 4^m,50 ; la hauteur différait suivant l'orientation. Bordé de chemins de ronde où l'on accédait par des escaliers de bois et que l'on condamnait en temps de paix, pour éviter les dégradations, par des barrières à clefs, le mur était couvert en tuiles, avec charpentes à deux pans qui mettaient en temps de guerre les défenseurs à l'abri des projectiles. La plupart des tours, dont quelques-unes doubles, étaient surmontées d'une toiture conique que dominait l'aigle à deux têtes, emblème du Saint-Empire, qui figurait dans les armes de la cité. Les portes se fermaient par des ponts-levis et des herses analogues à celle de la tour Chaussée. L'entrée du canal Saint-Airy, du Brachieul, le fossé du Champ, étaient munis de grilles de bois et, au moment du danger, on tendait en avant de ces grilles et du pont Chaussée des chaînes de fer attachées à des pieux. Malheureusement tout ce système de défense ne brillait pas par une extrême solidité et demandait beaucoup d'entretien. D'ailleurs, tous, bourgeois et soldats, ne se faisaient aucun scrupule de démolir le rempart ; les uns volaient le bois du toit ou de la charpente pour se chauffer, les autres enlevaient les pierres, appuyaient leurs maisons au mur d'enceinte qu'ils confisquaient et qu'ils perçaient d'ouvertures ; souvent des pans entiers s'effondraient que l'on remplaçait par des barricades ou des amas de pierres sèches, assemblés en hâte, à l'approche de l'ennemi. A l'extérieur, les habitants poussaient les cultures jusque sur le bord des fossés, plantaient des arbres, édifiaient des maisonnettes dont les magistrats, à la moindre alerte, ordonnaient la destruction.

La ville haute était protégée sur son front Sud par le petit rempart qui commençait au moulin l'Évêque pour finir à la tour Chaussée. Outre les tours des Augustins, de Sainte-Croix, de la Chaussée que nous connaissons, le petit rempart était renforcé par la tour Bruquet au pont Saint-Amand et la tour des Écuyers à l'extrémité de la rue du Saint-Esprit. Au delà de la tour Chaussée, le grand rempart longeait la Meuse avec trois tours, l'une derrière les Jésuites, la tour carrée derrière les Jacobins, mais qui gênait les Jésuites parce qu'elle permettait de surprendre tout ce qui se passait chez eux, et celle des Franquillons (1), au bastion Saint-Paul. Au milieu du xviie siècle, ces trois tours avaient disparu. Le rempart remontait de là vers l'Ouest, suivi par la Scance qui coulait dans les fossés, coupé par le puty ou poterne Saint-Paul au delà de la porte Saint-Paul qui n'existait pas alors, avec les tours du Four, de la Baulmone en face de Saint-Maur, de la Quemine, près de la porte de France. Puis les remparts se soudaient à la citadelle dont ils se détachaient au Moulin-l'Évêque. Le grand rempart se prolongeait sur la rive droite de la Meuse englobant toute la partie de la ville située de ce côté. Il subsiste presque entièrement, nous l'avons dit, entre le Puty et la Tour du Champ. Le mur était défendu sur le Puty Sainte-Croix par la tour dite aux Plaids ou Plaidoiresse, sans doute parce qu'à une époque très lointaine on avait tenu là les plaids ou audiences de Sainte-Croix ; la tour aux Plaids est enclavée dans les moulins Couten ; la tour Robert ou Carrée des Minimes derrière l'église Saint-Sauveur, autrefois des Minimes, la tour de l'Islot encore debout, la tour du Champ, plus tard rasée à hauteur du rempart, la tour du Jeu, voisine de celle du Champ et contiguë au mail où l'on s'exerçait à des jeux de lutte ou d'adresse. La tour du Jeu commandait une porte qui donnait accès sur la place Marché et qui fut condamnée au xve siècle pour être réouverte en 1631, lors de la peste qui désola la ville basse, car les habitants de Saint-Victor, où était la porte principale, ne se souciaient pas d'être contaminés par le passage de gens qui pouvaient contracter les germes du mal dans les bas quartiers ; mais au mois de décembre de la même année, elle fut remurée et servit à un dépôt de poudre jusqu'à l'explosion du moulin en 1727. La tour Noire touchait au moulin Saint-Airy et joignait la tour de la Bergère dont un bastion porta le nom ; enfin, la porte Saint-Victor avec sa belle tour double à toiture conique, supprimée en 1685. Le rempart redescendait ensuite vers le Nord, jalonné par plusieurs petites tours jusqu'à hauteur de Saint-Airy, franchissait par la Grille le canal de Saint-Airy, bordait le Brachieul jusqu'à la petite Grille et se rattachait sur la rive droite du Preillon au corps de garde d'où on lança le Pont-Neuf.

(1) Terme de mépris donné aux Français avant le xvie siècle.

Telle était l'enceinte de Verdun, il y a plus de deux cents ans.

En 1673, on entreprit de renforcer les fortifications, en utilisant l'ancien rempart, mais en englobant dans la défense le faubourg du Pré. Les ouvrages commencés au Nord entre la citadelle et la rivière furent interrompus faute d'argent. En 1677, Vauban fit à Verdun son premier voyage et c'est probablement cette visite qui décida la reprise immédiate des travaux qui ne s'achevèrent qu'en 1692. Encore n'avait-on pas fermé totalement la nouvelle ceinture, puisqu'en 1792, lors de la première invasion prussienne, les rapports du conseil de guerre dénoncent toute une partie du front Est, au Sud de la porte Chaussée, comme uniquement protégée par des palissades en bois et le mur de l'ancien rempart. Entre les années 1826 et 1830, environ quatre cents soldats, qui subissaient la peine du boulet, étaient employés à la continuation de cette œuvre qui ne se termina que lentement.

LA TOUR DU CHAMP.

Les portes ont été transformées, les onze putys ou poternes du xvi° siècle ont été supprimés; et aujourd'hui, en dehors de la porte Chaussée que l'on a réaménagée, en dehors des portes de France et de Metz qui dataient du xvii° siècle et auxquelles succèdent des ouvertures plus spacieuses, la porte Neuve qui remplaça en 1825 la porte de secours de la citadelle, la porte Saint-Paul et la porte de la Tour du Champ percées la 1re en 1877, la 2e en 1881, forment autant de brèches qui rompent l'unité du colossal circuit qui enserre Verdun.

Au sortir de l'enceinte formidable, la Meuse, dont le fuyant ruban s'allonge vers le Nord, poursuit sa paisible course, glissant entre les collines qui se rapprochent et qui forcent le fleuve à décrire de capricieuses boucles. Au loin, les villages, dont la tache grise et rouge ressort gaîment sur le fond vert des prés, ou dans les ombrages de riants coteaux, attestent l'heureuse

Le Puty. — Vestige du Grand Rempart.

aisance de ce pays fertile. Mais du faîte des hauteurs, l'œil aperçoit longtemps encore la cathédrale et la citadelle qui s'estompent à l'horizon, confondus en quelque sorte dans une symbolique union. La cathédrale, c'est le moyen âge, avec ses terreurs et ses espérances, avec ses pestes et ses famines, ses guerres cruelles et ses fléaux terribles. C'est la ville du xiv° siècle avec ses abbayes, ses monastères, ses maisons religieuses ; c'est le monument qui a survécu avec quelques autres, pendant que s'écroulaient ces édifices qui donnaient à Verdun une physionomie si pittoresque. Deux vues, l'une de 1591 due au crayon de Pierre Jacob, l'autre de 1669 due au burin d'un graveur célèbre, Israel Silvestre, nous la représentent sous un aspect dévot avec ses nombreux clochers qui de toutes parts pointaient vers le ciel. On comptait à Verdun, dit l'auteur d'une antique chronique, plus de 30 clochers et à tous instants retentissait quelque sonnerie, ce qui explique les deux premiers vers du dicton :

LA TOUR CHAUSSÉE.

Jamais vous n'avez traversé
Verdun sans y être sonné,

Étain sans y être moqué,
Damvillers sans y être crotté.

Sans doute les cloches ne chôment pas aujourd'hui ; elles jettent fréquemment encore leur note grave ou claire, joyeuse ou triste, à tous les échos ; mais leur voix est couverte par l'éclat des clairons, par les accents stridents de belliqueuses fanfares. Nos rues, que parcouraient il y a quatre ou cinq siècles les clercs affairés, les bourgeois calmes ou les communaux soulevés, sont sillonnées maintenant de multiples soldats toujours en armes. Notre cité est restée gardienne des ponts, protectrice du fleuve ; si nous l'oublions, la citadelle, avec son puissant chapelet de forts redoutables, se dresse qui nous le rappelle ; elle a le périlleux honneur, depuis que le Germain brutal nous a infligé l'inoubliable leçon, de protéger, sentinelle avancée, la frontière prochaine. Et si le jour revient de tenter à nouveau la chance des combats, si demain nos remparts sont menacés, tout, depuis la plus petite pierre de nos murs, jusqu'à notre vieille tour, la tour de Wautrec, témoin vénérable des luttes d'autrefois, dont les flancs ont tressailli sous le choc de tant de projectiles, admirable relique que les ans ont noircie, mais qui veille toujours, vaillante et fière, du côté du Rhin, tout saura inspirer aux descendants de ceux qui se précipitèrent si souvent aux créneaux, les mâles résolutions, l'ardente énergie, l'indomptable courage qui forcent la victoire.

La vieille Tour un soir, au bord des lentes eaux,
Dressant sa tête énorme à casque de créneaux,
   Et sa béante bouche noire,
Et ses yeux allumés en leurs deux trous ardents,
Et sa mâchoire où pend la herse à longues dents,
   M'a dit du fond de son histoire :

— Avec ma force abrupte, avec mes murs altiers,
Œuvre de Jean Wautrec, Maistre-Roy des Mestiers
   Par le cœur et par la fortune,
Je demeure l'emblème exact de la cité
Qui conquit et garda la pleine liberté
   D'une rude et forte Commune.

Combien de fois j'ai vu les Arbalétriers,
Les gens de la Milice et les Arquebusiers,
   « Ameutés au son de la Mute »
Planter là leurs métiers, et d'un pied ferme et prompt
Accourir vers mes murs, monter jusqu'à mon front,
   Pour soutenir quelque âpre lutte !

Robustes cœurs de fer sous leurs habits de fer,
Ces Communaux, d'esprit aussi subtil que fier,
   Déjouaient toutes les surprises,
Et contre leur Évêque ou contre l'Empereur,
S'insurgeaient, toujours prêts à défendre sans peur
   Leurs irréductibles franchises.

Ah ! ce sont leurs vrais fils, leurs descendants virils,
Qui naguère, en l'année aux tragiques périls,
   Braves que rien ne désespère,
En rendant coup pour coup au Teuton rançonneur
 Ont effacé la honte entachant leur honneur
   Depuis la mort de Beaurepaire.

Quatre canons d'honneur attestent leur exploit ;
Placez-les aux créneaux de mon front, leur cou droit
   Tourné vers l'Est plein de menaces,
Et qu'ils parlent aux fils de l'immanent devoir,
Pendant que mon granit puissant leur fera voir
   La force des aïeux tenaces ! (1)

(1) Pièce de vers inédite que notre ami, le poète A. Bouilly, a bien voulu nous dédier.

TABLE DES MATIÈRES

	Pages.
INTRODUCTION	5
I. — SAINT-PAUL. — SAINT-PIERRE. — SAINT-MAUR. — LA BELLE-VIERGE	7
II. — LA CATHÉDRALE. — L'ÉVÊCHÉ. — SAINT-VANNES	19
III. — LA RIVE GAUCHE DE LA MEUSE	31
IV. — LA MEUSE. — LES PONTS. — LA TOUR CHAUSSÉE	37
V. — LA RIVE DROITE DE LA MEUSE. — L'HÔTEL DE VILLE. — LA PLACE MARCHÉ	41
VI. — LE QUARTIER SAINT-VICTOR. — LA DIGUE. — LE FAUBOURG DU PRÉ	52
VII. — L'ENCEINTE DE LA CITÉ	61

TABLE des VIGNETTES

Nos.		Pages.
1.	Porte de la maison Rue Porte-Châtel, nº 32...................................	4
2.	Verdun, vue prise du Quai de la République. — Armoiries successives de la Ville de Verdun...	5
3.	La Meuse a son entrée dans Verdun..	6
4.	La Porte Saint-Paul..	7
5.	Le Palais de Justice...	9
6.	La Synagogue...	11
7.	La Princerie. — Armoiries de la famille de Musson........................	15
8.	Les Gros-Degrés. — La Vierge des Gros-Degrés............................	17
9.	La rue de la Vieille-Prison...	18
10.	L'Évêché, le Grand Séminaire et la Cathédrale. — Armoiries de l'Évêché et Comté de Verdun...	19
11.	Fronton de la Porte Saint-Jean dans la Cathédrale.........................	21
12.	Le Cloitre du Grand Séminaire...	23
13.	La Porte-Châtel..	25
14.	La Tour de l'Abbaye de Saint-Vannes. — Grand Sceau de Saint-Vannes........	27
15.	Reconstitution d'un Fragment de l'Abbaye de Saint-Vannes (maison Clément, rue de l'Hotel-de-Ville, nº 15). — Armoiries de Saint-Vannes..........	29
16.	Autre sceau de Saint-Vannes..	30
17.	La Rue de Rû...	31
18.	Le Quai de la Comédie; le Théâtre...	33
19.	La Ruelle des Sergents...	34
20.	La Rue Mazel...	36
21.	La Meuse, en aval du pont Beaurepaire......................................	37

TABLE DES VIGNETTES.

Nos.		Pages.
22.	Le Moulin-l'Évêque. — Sceau de l'Évêque Albéron de Chiny	38
23.	Front Ouest de la Tour Chaussée. — La Porte et la Rue Chaussée	39
24.	Le Canal des Minimes	41
25.	Le Moulin-la-Ville (Moulin Couten). — Tanneries sur le Canal des Minimes	43
26.	L'Hôtel de Ville, façade sur le jardin	45
27.	Chapelle de l'Hospice Sainte-Catherine	47
28.	Vestiges du Couvent des Récollets. — Armoiries du lignage de la Porte	49
29.	Le Canal des Récollets	51
30.	Le Pont Saint-Pierre	52
31.	L'Écluse Saint-Airy	53
32.	La Rue Saint-Victor	55
33.	L'Usine militaire d'électricité	57
34.	Le Pont-Neuf	59
35.	La Meuse vue de la Digue	60
36.	La Tour et le Pont Chaussée au moyen âge	61
37.	La Tour du Champ. — Front Est de Verdun avant les fortifications modernes	63
38.	Le Puty. — Vestige du Grand Rempart	64
39.	La Tour Chaussée	65
40.	« La Vieille Tour un soir, au bord des lentes eaux »	67
41.	Le Canal du Brachieul	69
42.	Le Canal Saint-Airy	71
43.	Fronton de porte, rue Chevert, n° 12	72

www.ingramcontent.com/pod-product-compliance
Lightning Source LLC
LaVergne TN
LVHW051504090426
835512LV00010B/2334